KB003437

칼 야스퍼스의 『위대한 철학자들』 읽기

세창명저산책_037

칼 야스퍼스의 『위대한 철학자들』 읽기

초판 1쇄 인쇄 2015년 9월 20일
초판 1쇄 발행 2015년 9월 25일
—
지은이 정영도
펴낸이 이방원
기획위원 원당희
편집 윤원진·김명희·이윤석·안효희·강윤경·김민균
디자인 손경화·박선옥
마케팅 최성수
—
펴낸곳 세창미디어
출판신고 2013년 1월 4일 제312-2013-000002호
주소 03735 서울시 서대문구 경기대로 88 냉천빌딩 4층
전화 02-723-8660
팩스 02-720-4579
이메일 sc1992@empal.com
홈페이지 http://www.sechangpub.co.kr/
—
ISBN 978-89-5586-392-5 03160

이 도서의 국립중앙도서관 출판시도서목록(CIP)은 서지정보유통지원시스템 홈페이지(http://seoji.nl.go.kr)와
국가자료공동목록시스템(http://www.nl.go.kr/kolisnet)에서 이용하실 수 있습니다.
CIP제어번호: CIP2015024727

세창명저산책_037

정영도 지음

칼 야스퍼스의 『위대한 철학자들』 읽기

세창미디어
MEDIA

머리말

1900년대에서 2015년 사이에 나온 세계 철학사 가운데 그 내용의 깊이와 풍부함, 방대함, 자기 고유한 해석과 분석에 있어 칼 야스퍼스Karl Jaspers의 『위대한 철학자들Die Großen Philosophen』 (R. Piper & Co. Verlag, München, 1957)을 능가하는 철학사는 아직 없다.

야스퍼스의 『위대한 철학자들』은 일반적인 철학사가 아니고, 인류 역사에 위대한 철학적 사상적 정신적 족적을 남긴 동서고금의 사유의 거인들을 선별적으로 망라하여 그들의 인격, 사상, 정신을 야스퍼스 자신의 실존적 이성으로 조명하여 적나라하게 드러낸 세계 철학사이다. 이 『위대한 철학자들』은 전3권으로 구성되어 있는 웅대한 작품이다. 이 작품의 제1권은 1957년도에 방대한 규모로 출판되어 나왔다. 그러나 제2권과 제3권은 기획과 편집의 소묘 형식으로 메모지에 스케치된 채 하나의 완전한 책으로 집필될 때를 기다리고 있었다. 기다림의 도상에서 1969년 2월 26일 야스퍼스가 타계함으로써 제2권과

제3권은 여타의 철학적 비망록과 더불어 빛을 보지 못하고 서재에 쌓여 있었다.

이러한 상황에서 국제 야스퍼스학회가 야스퍼스의 유고를 정리하여 연차적으로 독일 피퍼 출판사에서 출판할 것을 결의한 바 있다. 이러한 출판 기획에 따라서 1981년에 『위대한 철학자들』 제2권이 미완성의 메모 형식 그대로 출간되어 나오기도 했다. 제3권은 아직 출판을 기다리고 있다.

1957년에 출간되어 나온 제1권은 완책完册으로서 총 면수面數가 977면에 이르고, 제2권은 미완성본으로 총 면수가 1236면에 이른다. 제3권이 출간된다면 예상되는 면수는 약 1300면에 이를 것으로 추정된다. 그렇다면 『위대한 철학자들』 전 3권의 총 면수는 대략 3513면에 이를 것이다. 『위대한 철학자들』 전 3권의 규모는 글자 그대로 엄청나게 거대하고 웅대한 세계 철학사로서 인류 역사에 길이 남을 고전이 아닐까 하고 생각됨 직하다.

야스퍼스의 『위대한 철학자들』 읽기는 세창미디어가 펴내는 세창명저산책 시리즈에 부응하여 이 방대한 명저를 요약·해설하여 내놓는 교양서이다. 야스퍼스가 저 방대한 저서에서 파노라마처럼 분석하고 해석하며 비판하는 무수한 사유의 거인들의 사상, 인격, 정신을 아주 작은 교양서에 요약·해설하여 서술한다는 것은 지극히 어려운 노동일 수밖에 없다. 이처럼 요약·해설상의 어려운 국면을 심각하게 고려하여 『위대한 철학자들』 제1권에서 조명되고 있는 철학자들 가운데 우리가 철학함에 있어 척도 및 모범이 되는 위대한 철학자들만을 선정하여 집중적으로 조명할 것이다.

야스퍼스의 실존적 조명을 받고 있는 이 위대한 철학자들의 '철학함'에 이 책을 읽는 독자의 정신이 공명共鳴하기를 기원한다.

| CONTENTS |

1장
야스퍼스의 『위대한 철학자들』에 내재하는 세계 철학사의 이념

'철학함Philosophieren'을 한다는 것, 이른바 철학을 공부한다는 것은 '자기 고유한 철학함eigenes Philosophieren', 즉 '자기존재의 근원에서 사유함aus dem Ursprung des Selbstseins denken'과 철학사 읽기를 병행함으로써 성실하고 참되게 실현하고 있다고 평가될 수 있다. 유헌幽軒 이종후의 말과 같이 '자기 고유한 철학함'은 철학의 생명이고 의미이며 철학사 읽기, 즉 철학사 공부는 이 철학의 생명이고 의미인 것을 실현하기 위해 불가피한 도정道程이다.

우리는 철학사 읽기를 통해서 철학사에 등장한 철학자들의 정신과 사상과 인격을 만날 수 있고 그것을 통해서 그들로부터 철학함의 방법을 배우고 동시에 우리 자신의 고유한 철학함의 실마리를 얻을 수 있다. 다시 말해서 우리는 이 철학사 읽기를 통해 위대한 선철들의 '철학함'의 근원과 핵심을 접하고 체험함으로써 우리 자신의 내면에서 '철학함'의 충동을 경험할 수 있다. 철학사 읽기에서, 즉 철학사 공부에서 우리 자신의 '철학함'의 계기를 얻고, 이러한 계기를 통해서 새로운 시대를 만들어 갈 이념을 창출해야 하는 시대적 요청에 부응하기 위해서는 보편적인 세계 철학사가 서술되지 않으면 안 된다.

그런데 오늘날과 같이 인류 전체를 아우르는 세계주의자가 시대를 지배하고, 각 국가마다 가지고 있는 정신적 전통들이 서로 만나 상호 교류하는 시대에서 유헌의 말과 같이 철학사를 공부하거나 서술하는 데 있어 어느 특정한 전통만을 고집하여 그것에만 우리의 '철학하는 이해'를 국한시킨다는 것은 시대착오적인 생각이다. 그뿐만 아니라 그것은 불가능하기도 하다. 예컨대 가령 서양의 어느 한 철학자가 서양 철학의 전통만을 철학 일반이라고 고집하여 그것에만 근거해서 철학을 논의하고 서술한다든지 철학사를 서술함에 있어 동양 철학의 전통을 무시해도 좋다는 시대는 이미 지났다고 말할 수 있다. 오늘날 철학은 야스퍼스의 말과 같이 "서양 철학의 황혼에서 세계 철학의 새벽에로의 길을 더듬고 있다." 따라서 앞으로 서술될 철학사도 과거의 서양 철학 위주의 철학사에서 벗어나서 전 인류의 철학의 총체를 내용으로 하는 그런 세계 철학사로 편집되지 않으면 안 된다.

오늘날 세계사의 대세에 순응해서 철학하는 이 시대의 모든 진실하고 본질적인 철학자는 세계 철학사의 넓은 공간을 호흡하고 그 속에서 동서고금을 관통하는 영원한 철학의 이념을 탐구하면서 자신만의 길을 걷고 있다. 이러한 길을 걸어온 현대 철학의 모범이 있다면 아마도 야스퍼스일 것이다. 야스퍼스는 일찍이 서양 철학의 위대한 선철들과 실존적 사상적 소통을 해 왔는가 하면 동양의 위대한 철인들, 예컨대 인도의 불타, 용수, 중국의 노자, 공자와 사상적 실존적 상호 소통을 하는 가운데 자기의 고유한 철학적 입장과 철학 사상을 천명·전개해 왔다.

야스퍼스는 이러한 실천을 근거로 해서 세계 철학 및 세계 철학사의 이념을 구현하는 지적 노동의 일환으로 『위대한 철학자들』이라는 제목의 세계 철학사를 서술한 것이다. 다시 말해서 야스퍼스는 세계 철학사의 이념을 구현하기 위해 『위대한 철학자들』이라는 제목으로 전 3권을 기획하여 방대한 세계 철학사를 집필하고자 했다. 그는 우선 이 집필 기획을 메모지에다 구체적이고도 치밀하게 요약·소묘했다. 이 기획을 근거로 하여 그는 많은 문헌들을 읽고 해석하고, 분석하고 비판하여 정리했다. 상당한 분량의 메모지 내용을 수정하고 다듬어 1차적으로 한 권의 책으로 출판한 것이『위대한 철학자들』제1권이다.『위대한 철학자들』제1권은 이미 1957년에 독일 피퍼 출판사에서 출판되었다. 이 책의 지면은 총 977면에 이른다. 이 책의 지면을 빼곡히 채우고 있는 작은 글자체의 행간을 일반적인 형태로 넓혀 놓으면 실제로는 1000면을 넘을 것으로 생각된다.

　책으로 쓰어서 출판된 제1권의 기획 메모지 이외에 제2권과 제3권의 기획 메모지는 아직 완책으로는 나오지 않고 있다. 그러나 제2권의 기획 메모지는 1981년에 피퍼 출판사에서 메모지에 요약·소묘된 생경한 양태 그대로 출판되기도 했다. 완전한 문장으로 서술되지 않고, 글자 그대로 메모되어 있는, 이를테면 사유된 개념들의 나열, 각 장Kapitel들의 표시, 논의될 철학자들의 인격, 정신, 사상 등에 대한 간명한 설명이 그대로 영인본이나 다름없이 (메모 형식으로) 출판되었다. 완전한 문장으로 구성되지 않은 메모 형식 그대로가 책으로 인쇄되었음에도 불구하고 이 제2권의 총면수는 무려 1236면이나 된다. 만일 이 메모 형식의 내용이 정상적인 체계를 갖추고 완전한 문장으로 서술되어 인쇄되었다면, 엄청난 면수의 책이나 아니면 별권으로까지 확대되어 출판되었을 것으로 예측된다. 이『위대한 철학자들』제2권은 야스퍼스의 비서 겸 조교로서 오랜 세월 동안 야스퍼스 곁에서 일했던 한스 사너Hans Saner 박사의 지도와 책임하에 편집되어 나온 유고遺稿에 해당한다. 『위대한 철학자들』 제2권과는 별도로 제3권 기획 메모는 아직도 비문장의 메모 그대로 남아서 출판을 기다리고 있다.

『위대한 철학자들』 제1권이 나옴으로써 이 방대한 저서는 야스퍼스가 일생 동안 펴낸 수많은 저서들 중에 그의 저작 활동 중기에 속하는 철학적 주저 『철학Philosophie』 전 3권, 후기의 주저 『진리에 관하여Von der Wahrheit』 전 3권과 더불어 그의 3대 주저를 이루고 있다.

『위대한 철학자들』은 그 제목 자체가 시사하고 있듯이 세계사에 등장한 위대한 철학자들의 인격, 정신, 사상을 서술하며 군소 철학자들은 서술 대상에서 제외하고 있다. 이 저서의 제목 자체는 야스퍼스가 어떠한 이념과 정신 밑에서 어떠한 태도와 방식으로 세계 철학사를 서술하고자 하는가를 지시해 준다. 야스퍼스는 이 저서에서 하나의 세계 철학사의 서술로 보기에는 놀라울 정도로 거창한 것을, 즉 종래의 철학사와는 전혀 다른 새로운 방식의 철학사를 기도하고 있다.

『위대한 철학자들』의 목차를 통해 전체의 내용을 개관할 경우 이 저서의 규모상의 웅대함과 내용의 풍부함과 서술 방식의 참

신성에 경탄하지 않을 수 없다(『영원』 400쪽). 특히 그가 각 분야에서 세계사적 명성을 쌓은 다종다양한 정신적 위인들, 즉 철학자, 종교인, 사상가, 학자, 시인, 문필가, 정치가 등의 인격과 정신과 사상을 자기화하여 융통자재하게 서술한 그의 거대한 동화력同化力과 서술 역량은 우리로 하여금 야스퍼스의 사유의 깊이와 높이를 새삼 경탄케 한다(『영원』 401쪽). 그가 정신과 사유의 거인들을 서술함에 있어 그들을 위대성의 유형에 따라 몇 개의 그룹으로 분류하여 서술한 독특한 서술 방법은 특히 관심을 집중시킨다. 그의 독특한 분류법을 따르면 서술의 대상이 될 만한 사유의 거인들은 우선 인격과 정신의 유형에 따라 세 그룹으로 분류되고 있다.

제1그룹에는 인류 역사상 어느 누구보다도 역사적으로 인간성을 규정지었고 또 앞으로도 영원히 인류에게 인간성의 척도를 제공해 줄 가장 위대한 네 사람의 교사로서 공자, 소크라테스Sokrates, 불타, 예수가 배속되고 있다. 야스퍼스는 이 책에서 네 사람의 위대한 정신과 사유의 거인들을 '척도를 주는 인간들die maßgebende Menschen'이라는 제목의 장에 배열하여 서술하고 있다.

제2그룹에는 철학 및 사상의 거인 이른바 위대한 형이상학자들이 배속되고, 이 제2그룹을 철학적 사유의 근원적인 동기의 유형에 따라 다시 5그룹으로 분류하여 그 각 그룹에 해당하는 철학자 및 사상가들이 배속되어 있다.

야스퍼스는 위대한 사유의 거인 및 철학자들의 서술을 통하여 맥락과 구조를 가진 하나의 전체적 통일체로서의 세계 철학사를 엮음에 있어 종래의 철학자들이 일반적으로 시도하던 배열법, 즉 연대순적 배열법이나 또는 문제사적 배열법을 지양하고 있다 (『영원』402쪽). 그는 오히려 위대한 철학자들이 그들의 철학적 정신의 본질과 존재의 영원한 의미, 그리고 '철학함'의 동기를 스스로 철학하면서 이해하려는 배열에의 의도에서 독창적인 방법으로 배열하고 있다(『영원』403쪽).

야스퍼스는 이와 같은 독창적 배열법에 따라서 철학자 및 사상가들 이외에 다른 정신 영역의 거인들을 상당히 광범위하게 —적어도 그들이 정신에 있어 철학적인 내실을 체현하고 있는 한— 이 『위대한 철학자들』에 포함시켜 서술하고 있다. 그는 예컨대 그리스의 비극 작가들, 단테Dante, 셰익스피어Shakespeare, 횔덜린Hölderlin, 도스토옙스키Dostoevsky, 자연 과학자들로서 케플러Kepler, 갈릴레이Galilei, 다윈Darwin, 아인슈타인Einstein, 역사가로서 랑케Ranke, 부르크하르트Burckhardt, 막스 베버Max Weber, 심지어는 아소카Asoka 왕, 프리드리히 대왕Friedrich der Grosse 같은 정치가, 아시시의 프란치스코Franzisko von Assisi 등을 서술하고 있다. 그러니까 그는 『위대한 철학자들』전 3권 중 제3권에서는 본래적인 철학과 주변의 위인들 또는 철학자들과는 전혀 동떨어진 정신 영역의 위인들을 서술하고 있다(『영원』404쪽). 이와 반대로 일반 철학사에서 상당히 무게 있는 철학자들 상당수가 이 『위대한 철학자들』의 서술 영역에서는 배제되어 있다. 그 이유는 이러한 철학자들이 인격과 정신에 있어 위대하지 못하고 동시에 그 사유가 근원적이지 못한 이른바 직업적 강단 철학자들에 속하기 때문이다.

야스퍼스가 『위대한 철학자들』을 서술함에 있어 하나의 아쉬운 문제점을 우리에게 노정露呈하고 있다. 그것은 그가 서술하고 있는 서양 철학자는 약 90여 명이나 되는 데 비해서 동양 철학자는 7명(공자, 불타, 노자, 용수, 묵자, 맹자, 장자)에 불과하다는 점이다. 이러한 근거로 비판한다면 야스퍼스는 역시 서양 철학자로서 서양 일변도적으로 사유하고 있구나 하는 생각을 해 볼 수도 있다. 물론 그가 이러한 한계를 드러낼 수밖에 없는 이유를 들자면 그것은 아마도 동양의 언어에 대한 해석 불가능, 동양 문화에 대한 이해 부족, 동양 철학의 역사와 문헌에 정통할 수 없었던 그의 근본적인 한계에 있다고 말할 수 있을 것 같다.

그러나 야스퍼스가 위대한 철학자로서 탁월성을 가지고 있다고 하더라도 그 자신의 전통인 서양의 정신적 철학적 전통에 정통함과 마찬가지로 인도나 중국의 철학적 전통에 대해서도 정통하리라고 요구함은 지나친 욕심일 것이다.

그가 서양의 현대 철학자들 가운데 어느 누구보다도 동양의 위대한 정신적 철학적 전통의 근원을 깊이 이해하고, 정확하고 간결한 필치로 공자, 불타, 노자, 용수, 맹자, 장자 등의 인격, 정신, 사상을 서술하고 있어 새삼 그의 위대함을 느끼게 한다.

우리는 여기서 『위대한 철학자들』 전 3권의 목차들을 살펴봄으로써 이 저서의 웅대함, 높이, 깊이 등을 감지할 수 있을 것이다.

제1권 목차

1) 척도를 주는 인간들
   소크라테스, 불타, 공자, 예수
2) 지속적으로 영향을 미치는 철학함의 창시자들
   플라톤Platon, 아우구스티누스Augustinus, 칸트Kant
3) 근원에서 사유하는 철학자들
   아낙시만드로스Anaximandros, 헤라클레이토스Herakleitos, 파르메니데스Parmenides, 플로티노스Plotinos, 안셀무스Anselmus, 스피노자Spinoza, 노자, 용수

제2권 목차(유고)

3) 무비판적인 이상향의 근거로서
   정치적 사유와 정치적 비판을 감행하는 철학자들
   마키아벨리Machiavelli, 토마스 모루스Thomas Morus,
   로크Locke, 토크빌Toqueville, 몽테스키외Montesquieu,
   마르크스Marx

4) 교육의지와 문학적 비판을 감행하는 철학자들
   키케로Cicero, 에라스무스Erasmus, 볼테르Voltaire,
   비코Vico, 하만Hamann

5) 독일의 인간성 이념
   훔볼트Humboldt

6) 비판자들
   베이컨Bacon, 벨Bayle, 하이네Heine, 쇼펜하우어Schopenhauer

7) 삶의 지혜를 주는 철학자들
   보에티우스Boethius, 세네카Seneca,
   마르크 아우렐리우스Marc Aurelius, 장자,
   몽테뉴Montaigne, 도덕가들Moralisten

8) 실천적인 철학자들
   에크나톤Echnaton, 아소카, 아크바르Akbar,
   프란치스코 폰 아시시, 파라켈수스Paracelsus,
   아그리파 폰 네테스하임Agrippa von Nettesheim

9) 신학에서의 철학자들

묵자, 맹자, 말브랑슈Malebranche, 버클리Berkeley,

오버베크Overbeck, 에릭 페테르젠Erik Petersen

10) 철학적 학설을 수립한 철학자들

프로클로스Proklos, 스코투스 에리우게나Scotus Eriugena

11) 부록

야코비Jakobi, 둔스 스코투스, 아미엘Amiel, 보댕Bodin

2장
근원에서 사유하는 철학자들

헤라클레이토스

헤라클레이토스는 명문 귀족 가문에서 태어났으며 왕위 계승권을 자기 동생에게 양도했다. 그는 또한 에페소스Ephesos 시민들로부터 왕위 계승권을 법률로 제정할 것을 요청받았을 때 악정이 이미 나라의 전권을 장악하고 있다는 이유로 요청을 거부했다. 그는 자기의 저작물을 에페소스의 아르테미스 사원에 맡겼다.

약 130개의 조각글들을 포함하고 있는 이 저작물은 지극히 형식적이면서 감동적인 잠언들로 구성되어 있다. 이 조각글들은 체계적인 사상 구조를 형성하는 것이 아니고, 오히려 이 조각글

문장들의 내용 가운데서 통일을 지향하는 사고방식을 반영해 주고 있다. 함축적인 단어들의 배열로 이루어진 이 조각글들은 결코 재구성될 수 없다. 이 조각글들이 보여 주는 간결성은 독자로 하여금 그것에 대해 여러 가지 해석을 내리도록 자극한다. 이 때문에 헤라클레이토스는 고대에 있어 어두운 사람으로 불렸다.

그의 문제는 엄숙하고 예언적이라는 점이다. 그는 자신의 사유야말로 비상하고 전대미문의 것이며 또한 일체의 것을 단번에 밝혀 주는 것이라고 확신하고 있는 사람처럼 말한다.

1) 로고스

헤라클레이토스는 모든 개별적 사물을 그 본성에 따라서 분석하고 그것이 어떠한 상태에 있는가를 말함으로써 말과 행위를 해명하고자 한다. 야스퍼스는 전체에 직면할 때 헤라클레이토스는 "거기에 항존恒存하는 로고스Logos가 내재하여 활동"하고 있음을 감지하고 있다고 말한다.

만물은 로고스에 따라서 생기한다.

야스퍼스는 로고스가 만물을 관통하며, 헤라클레이토스의 온 사유를 지배한다고 주장한다. 그는 로고스를 다음과 같이 해석하고 규정한다.

즉 로고스란 것은 다른 말로써도 옮겨질 수 없고 개념으로써도 규정될 수 없다. 로고스는 말, 대화, 대화의 내용, 의미 ─이성, 진리─ 법칙, 존재 자체를 의미한다. 헤라클레이토스에 있어 로고스는 단순히 규정될 수 없고 이 모든 의미를 포괄적으로 지니고 있으며 그것들 중의 어느 한 의미에만 국한되는 것이 아니다. 로고스는(철학이라는 중대하고 근본적인 개념과도 같이) 무규정적이면서 무한정으로 규정되는 포괄자이다.
로고스는 포괄적으로 규정하면 존재와 법칙으로 언표될 수 있다. 그러나 로고스는 하나의 의미론적 개념론적 언어로 표현될 수는 없고 복합적인 의미로서, 즉 포괄자das Umgreifende의 의미로서 시사될 수 있다.

그러므로 야스퍼스는 로고스를 효과적·설득적으로 이해한다면 여하튼 정태적 측면과 동태적 측면에서 로고스로의 접근이 시도되어야 한다고 주장한다.
로고스를 정태적 측면에서 접근할 경우 로고스는 존재 자체das

Sein selbst로 이해된다. 헤라클레이토스의 조각글 가운데는 로고스가 일체의 근원이면서 초현상적 존재라는 은유적 언표가 나타나 있다.

원주圓柱에 있어 시작과 끝은 동일하다. … 홈을 파는 연장에 의하여 만들어지는 나선형의 바르게 휘어진 길은 하나이면서 동일하다. … 오르막길과 내리막길은 하나이면서 동일하다 … 가사적可死的인 것은 불사적인 것이고 불사적인 것은 가사적인 것이다.

로고스는 하나das Eine인 존재 자체로서 자기 자신을 양극적인 것으로 대립자의 모순과 긴장이라는 형식을 통해서 정태적 존재성을 드러낸다. 위의 조각글에서 시작과 끝, 오르막길과 내리막길, 불사적인 것과 가사적인 것은 모순·대립에 의한 긴장이지만, 하나인 존재 자체에 있어서는 동일자이면서 동일한 성질임을 은유적으로 언표하고 있다.

야스퍼스의 해석에 따르면 헤라클레이토스의 로고스라는 존재 자체는 자기 동일성을 유지하면서 세계 내에서의 자기표출의 경우 양극적 대립자의 현상으로서 모순·대립·긴장으로 드러난다. 마치 하나의 인간이 남성과 여성이라는 양극적 대립의 존재자로 드러나듯이 로고스는 언제나 세계 내에서 대립항으로 나타난다.

헤라클레이토스의 로고스는 이처럼 정태적 존재성을 가지고 있는가 하면 다른 한 측면에서 보면 동태적 법칙성을 가지고 있다. 동태적 측면에서 접근할 경우 로고스는 법칙, 까닭, 이법理法, 소이연所以然 등으로 이해된다. 요컨대 야스퍼스는 로고스를 법칙이라는 말로 이해할 수 있다고 말한다. 헤라클레이토스의 다음과 같은 조각글은 로고스가 자기의 운동성을 드러낼 경우에는 항상 법칙으로 나타난다는 사실을 역시 은유적·함축적·잠언적으로 언표하고 있다.

> 차가운 것은 따뜻한 것이 되며 따뜻한 것은 차가운 것이 된다. … 젖은 것은 마른 것이 되며 마른 것은 젖은 것이 된다. … 산 것과 죽은 것, 젊음과 늙음, 이 대립에 있어 전자는 후자로 변하고 후자는 전자로 변한다.

로고스는 위의 조각글에서 보는 바와 같이 항상 어떤 경우에는 일방一方으로 나타나고, 다른 어떤 경우에는 타방으로 나타난다. 그리하여 로고스는 일방에서 타방으로 운동한다. 이러한 국면을 놓고 헤라클레이토스는 변화니 현상이니 하고 말한다. 세계를 구성하는 모든 현상 또는 변화는 바로 그 이면에 로고스를 두고 있다. 다른 말로 변화 및 현상은 그 이면에 내재하는 로고스가 작용함으로써 나타나는 국면이다.

헤라클레이토스에게 로고스는 변화 구조상의 통일자이다. 그러므로 야스퍼스는 로고스의 항재적 본질은 대립자의 통일이라고 해석한다.

야스퍼스에 의하면 헤라클레이토스는 인간의 감각에서 다양성이(마치 부조화가 그 자체에서는 조화되는 것처럼) 어떻게 조화되고 있는가를 깊이 사유했다. 야스퍼스는 이와 관련한 현상들을 헤라클레이토스의 조각글들에서 추출抽出하여 예증하고 있다.

대립된 긴장이 통일되는 곳에 가장 아름다운 조화가 있다. … 높낮이 없는 조화는 없으며 암수 양성이 없이 생명적 존재는 존재할 수 없다.

일체의 현상적 존재자는 양극적 대립자의 모순·긴장을 통한 통일, 즉 조화이다. 통일, 즉 조화가 바로 변화의 형상이다. 예컨대 낮과 밤은 대립자이면서 통일을 이룰 때 아름다운 조화로서 하루ein Tag를 구성한다. 한 해, 즉 1년das ein Jahr 역시 마찬가지로 여름과 겨울이라는 대립자의 통일이고 조화이다. 여름에서 겨울로 겨울에서 여름으로의 상호 전화轉化라는 전체가 곧 1년이라는 통일로서 조화를 이룬다.

로고스는 이처럼 대립자의 통일로서 변화의 형상을 드러낸다. 따라서 로고스는 통일과 조화의 법칙이고 이법이며 이치이다. 이 법칙으로서의 자기를 드러내는 데 있어 무조건 바깥으로 자기의 동일성을 드러내 보인다기보다는 언제나 자기를 숨기면서 자기의 현상을 현현顯現한다. 바꾸어 말해서 로고스는 일체가 로고스 자신에 의해 생기한다고 하더라도 현상 또는 변화의 배후에 숨어 있다.

헤라클레이토스는 로고스의 이러한 특징을 다음과 같이 말하고 있다.

사물들의 본질은 숨어 있기를 좋아한다.

이처럼 사물들, 즉 존재자의 본질로서 숨어 있기 때문에 생기하는 일체가 로고스를 인식하지도 못하고, 하물며 로고스를 거역할 때조차도 로고스에 의해 지배된다. 그러나 로고스는 인간의 이성에 의해서만 현현될 수 있다. 엄격하게 따지면 로고스는 세계 내에서는 세계이성Weltvernunft으로 내재하면서 작용하고, 인간의 영혼 안에서는 이성으로 내재하면서 영혼의 사유 작용을 가능하게 한다. 그러므로 존재자의 본질로서의 로고스나 영혼의 본질인 로고스는 모두 이성의 사유에 의해서만 이해된다.

감각에게 로고스는 무의미이고 공허이다. 다른 말로 하면 로고스는 감각에게는 감지되지도 않고 포착되지도 않는다. 그것은 오직 이성에 의해서만 체험되고 이해된다. 헤라클레이토스의 다음과 같은 잠언은 그것을 잘 반영해 주고 있다.

인간은 자기 자신을 인식하고 사유하는 능력을 가지고 있다. …
그대는 온 거리를 쏘다녀도 영혼의 한계를 찾아낼 수 없다. 영혼
은 깊은 로고스를 가지고 있다.

로고스는 일체의 현상, 변화, 존재자 그리고 영혼 등을 관통하고 섭리한다. "번개(영원한 불)는 우주를 섭리한다." 이 말처럼 로고스는 전체로서 우주를 섭리하고 인간의 영혼을 섭리한다. 구체적으로 말해서 우주 곧 세계는 로고스로서 세계이성에 의하여 지배되고 섭리된다. 예컨대 하나의 나뭇잎이 바람에 휘날리는

것이며, 봄·여름·가을·겨울이 순차적으로 순환하는 것 역시 세계이성의 지배 원칙에 따라서 이루어지며, 인간이 살고 죽는 것 또한 세계이성으로서 로고스에 따라 일어난다. 그러므로 세계를 구성하는 일체의 존재자와 인간의 존재 모습은 무상하고 부단히 변화할 수밖에 없다.

명민한 이성을 가진 영혼은 헤라클레이토스에게 '불'이라는 언표로 상징되고 있다. 영혼은 더 활활 타는 불이 될수록 더욱 이성적이 된다.

메마른 영혼은 슬기롭지만 젖은(술 취한) 영혼은 비틀거린다.

메마른 영혼, 즉 명민한 영혼은 지혜롭고 이성적이기 때문에 세계이성의 섭리를 깨달을 수 있다. 세계이성에 의해서 지배되고 있는 세계 그 자체는 세계이성이 부여하는 이치에 따라서 운동하고 변화한다. 그러므로 세계는 정지할 줄 모르는 부단한 변화이다. 일체는 흘러가고 아무것도 머물지 않는다.

사람은 동일한 강물에 두 번 들어갈 수 없으며 동일한 무상의 실체를 두 번 만질 수 없고, 오히려 그것들은 급속한 변화를 통하여

흩어졌다가는 다시 모이고 가까워졌다가는 멀어져 버린다.

야스퍼스는 헤라클레이토스에게 변화야말로 현실적 진리이고, 그 변화에 순응하여 삶을 방향 짓는 것이 삶의 지혜라고 단정한다.

변화에 현실의 의미가 있다고 생각하는 한 헤라클레이토스에게 진리는 분별적인 것이 아니고 가변적인 것이며 또한 진리는 절대적인 것이 아니라 상대적인 것이다.

바닷물은 고기에게는 생명을 유지시켜 주지만, 인간에게는 죽음을 준다. … 우리는 존재하면서 존재하지 않는다.

이 조각글에서 보는 바와 같이 바닷물이 고기에게는 유익한 생명수이나 인간에게는 독수毒水인 것처럼 바닷물을 유익하다 또는 해롭다고 일방적으로 규정할 수 없다. 바닷물을 마시는 주체에 따라서 유익하거나 해로울 수 있기 때문이다. 그러므로 야스퍼스는 바닷물의 유익 여부는 가변적이며 상대적이라고 해석한다.

불사적인 것은 가사적인 것이요 가사적인 것은 불사적인 것이다.

야스퍼스의 해석에 의하면 이 조각글에서도 진리란 가변적이요 상대적이라는 규정이 타당하고 적절한 것으로 적용될 수 있다.

2) 로고스는 공동적인 것

야스퍼스는 헤라클레이토스에 있어 로고스가 인간의 영혼에서 작용할 경우에는 인간 영혼의 자기 고양이 가능해진다고 말한다. 그러므로 헤라클레이토스는 "영혼은 자기 자신을 성장시키는 로고스를 가지고 있다"고 말한다.

인간이 자기의 현존재 속에 내재하는 로고스로서의 이성의 사유법칙에 따라 세계 내에 내재하는 로고스로서의 세계이성을 인식할 경우에 인간은 감성의 깊은 잠에서 깨어난다. 따라서 이러한 인간은, 즉 세계이성을 터득한 인간은 세계는 부단히 변하고 세계를 구성하는 현상적 존재자가 그 이면에 내재하는 법칙으로서 로고스 또는 세계이성에 의해서 존재하고 지배되고 섭리된다는 사실을 깨닫는다. 세계이성이든 개인의 영혼에 내재하는 이성이든 그 모든 것이 바로 로고스이며, 이 로고스에 따라서 사유하는 내적 행위는 모든 인간에게 공동적인 것이다. 그러므로 헤라클레이토스는 다음과 같이 말하고 있다.

사유는 일체의 존재자에게는 공동적인 것이다. 사유는 깨어 있음이다. 깨어 있는 자들은 하나의 공동세계만을 가지지만, 잠들경우에 이 공동세계로부터 벗어나서 각각 자기 자신만의 세계로돌아간다.

이성으로 사유하는 영혼은 현상과 변화의 법칙으로서의 로고스, 즉 세계이성을 만난다. 세계이성과 만난다는 것, 합치한다는것, 체험한다는 것은 헤라클레이토스에 있어서는 바로 이성이 사유를 통해서 행해야 하는 이법이다. 야스퍼스에 의하면, 이 이법을 구현하는 개인의 영혼마다 로고스로서의 이성이 세계 내로내밀하며 동시에 인간 실존으로 비약한다. 야스퍼스는 세계 내로 내밀함으로써 세계이성을 만나고 그 순간 실존이 된다는 진리는 헤라클레이토스의 조각글을 해석할 때 감지된다고 말한다.

이 세계질서, 즉 일체의 존재질서는 신이나 인간에 의해 창조된것이 아니고, 항상 존재하였고 또한 존재하고 있으며 영원히 살아 있는 불로서 존재한다.

야스퍼스는 이 조각글에서 말하고 있는 세계질서를 세계이성으로 해석하고 동시에 그것을 철학적 신으로 이해한다. 철학적 신, 세계이성, 세계질서는 야스퍼스에게 모두 동일한 의미의 로고스로 이해되고 있다. 야스퍼스는 개인의 영혼이 명민하게 될 경우, 즉 영혼이 사유를 통해서 세계 내로 내밀하여 이 세계이성을 만나게 될 경우에 개인의 영혼은 본래적 존재로서 실존을 획득한다고 천명한다.

그러므로 야스퍼스는 다음과 같이 말한다.

헤라클레이토스는 신을 로고스, 코스모스Kosmos, 불Feuer의 의미로 새겨서 말하고 있다.

헤라클레이토스의 신은 야스퍼스에게 철학적 신이면서 동시에 초월자의 의미로 시사되고 있기도 하다. 그의 다음과 같은 조각글은 음미해 봄 직하다.

인간 존재는 어떤 통찰력도 가지고 있지 않지만, 신은 그것을 가지고 있다. … 가장 아름다운 원숭이도 인간과 비교하면 추하며 가장 지혜로운 인간도 신에 비하면 지혜, 미, 다른 모든 것에 있어 원숭이와도 같이 나타난다. … 신은 일체가 아름답고 선하고 정의롭다.

헤라클레이토스에게 신은 세계 내에 내재하는 로고스이면서 인간의 모든 것을 능가하는, 그리고 인간과는 완전히 다르며 야스퍼스의 해석과도 같이 결코 동일한 유類로서 간주될 수 없고, 본질적으로 다른 존재이다.

헤라클레이토스가 암시하고 있는 세계와 신의 표상은 영원히 존재하는 것에 대한 정관이 아니고, 세계 내의 거짓과 악에 대한 투쟁 그 자체이며 신성한 길의 고지告知이다.

거의 대부분의 인간들은 이 진리를 이해하지 못하고 있다. 그러므로 헤라클레이토스는 다음과 같이 말한다.

인간들은 마치 잠자고 있을 때 그들이 경험하고 있는 것을 잊는 것과 마찬가지로 깨어 있을 때 그들이 무엇을 행하고 있는지를 모른다.

이 세상의 모든 것이 로고스의 자기 표현 또는 운동의 필연적 법칙에 따라서 대립자 상호 간의 투쟁이 일어나고 그것으로 인해서 변화와 현상이 생기며 인간은 자신의 주관에 어떤 구애도

받지 않고 변화와 현상이 생기하는 것을 알지 못한다. 그런데도 일체의 존재자는 이 로고스에 순응하도록 운명 지어져 있다. 헤라클레이토스는 그것을 언표하고 있다.

되는 대로 쌓아 올려진 물건 더미는 가장 아름다운 세계질서이다. … 돼지는 흙탕물 속에서 목욕하고 새들은 먼지나 또는 재 속에서 목욕한다. … 나귀들은 황금보다도 여물을 더 좋아한다. … 우둔한 인간은 모든 의미심장한 말을 들으면 언제나 놀라서 제자리에 우두커니 서 있는 버릇이 있다. … 개들은 모르는 것을 보면 짖는다.

이 세계 내의 모든 존재는 로고스의 법칙에 따라서 유지되고 전개된다. 이러한 이치를 깨닫지 못하고 있는 것이 인간이다. 야스퍼스는 이 이치를 깨달을 경우에 인간은 본래적 자기로서의 실존을 체험한다고 역설한다.

로고스의 이치에 순응하지 않을 경우 인간의 영혼은 퇴영하고 황폐화된다. 헤라클레이토스는 이러한 이치를 다음과 같이 함축적·잠언적·직유적으로 언표하고 있다.

위대한 죽음은 위대한 보상을 받는다. … 영혼이 깨어 있으면 산자와 죽은 자의 파수꾼이 된다. … 만일 행복이 육체적 쾌락에 있다면 사람들은 맛있는 먹이풀을 발견한 소를 행복하다고 말해야 할 것이다. … 원하는 모든 것이 주어진다고 해서 그것이 인간에게 최선의 것은 아니다. … 충동과 싸우는 것은 어려운 것이다. 왜냐하면 충동이 원하는 것은 영혼의 희생을 치름으로써만 얻어지기 때문이다. … 화재를 진화하는 것보다 거만을 없애는 것이 더 중요하다.

로고스의 법칙을 인식한 사람은 감각적·충동적인 것을 억제하고 멀리한다. 야스퍼스는 이성적 사유를 통해서 보편타당한 이치를 깨닫고 그 이치에 따라서 영혼에 유익하고 선한 것, 정의롭고 참된 것만을 지향하며 욕구적인 것, 육체적 쾌락을 주는 것 그리고 영혼의 손상을 가져오는 것을 억제하는 방향으로 사유하고 행동하는 것이야말로 로고스의 이치에 합당하는 사유이자 행동이라고 주장한다.

야스퍼스는 헤라클레이토스야말로 거짓에 대항하여 투쟁하기도 하지만, 참된 삶을 위한 교훈도 가르쳐 준다고 말한다. 로고스를 통고하는 철학자는 인간들에게 "그대는 잠자는 사람처럼 행동하고 말해서는 안 된다. 항상 깨어 있어야 한다"라고 말한다.

따라서 인간은 일체를 통일시키는 숨겨진 로고스를 의식적으로 좇아야 한다. 다시 말해서 인간은 로고스를 향해서 자신의 정신을 개방해 놓고 그것에 의식적으로 참여해야 한다. 인간은 세계 내에 이미 존재하고 있지만, 발견하는 순간 유일자唯一者 또는 공동적인 것이 되는 로고스를 세계 및 영혼의 심저心底에서 발견하지 않으면 안 된다.

야스퍼스는 헤라클레이토스의 참된 삶을 위한 지시를 다음과 같이 세 가지 사항들로 요약하여 언명하고 있다.

① 투쟁의 로고스에로의 참여
② 지知의 로고스에로의 참여
③ 지의 근본과의 관계

여기 ①과 관련한 조각글로는 다음과 같은 것이 있다.

사람들은 전쟁이 만물에 두루 미치고 있음을 인식해야 한다. …
전쟁은 어떤 것을 신으로 나타내고, 다른 어떤 것을 인간으로 나타낸다. 전쟁은 어떤 것을 노예로 만들며 다른 어떤 것을 자유인

으로 만든다. … 승자는 자유인이 되고 패자는 노예가 되지만, 이
와 반대로 전쟁에서 죽는 자는 불사자가 된다.

세계 내의 일체의 존재자는 양극적 대립자 상호 간의 전쟁, 즉
투쟁에 의해 새로운 존재자의 생성을 가능하게 한다. 그러므로
이러한 투쟁의 이면에 내재하면서 자기를 양극적 투쟁으로 표현
하는 로고스에의 인식을 기도하는 자야말로 자기 존재의 실존으
로 복귀할 수 있다. 야스퍼스는 위의 조각글에서 대체로 이러한
의미가 은유적으로 표현되어 있다고 단언한다.
　②와 관련한 조각글로는 다음과 같은 것이 있다.

가장 위대한 완전성은 깊은 사유 가운데 있다. 참을 말하고 본성
에 따라 행동하는 것, 생각건대 그것이 지혜이다.

인간의 영혼에 내재하는 로고스에 따라서 사유하고 행동하는
것이 곧 지혜로운 삶의 모습이다. 인간은 영혼의 로고스에 귀를
기울이는 태도에서 실존을 획득한다. 야스퍼스는 헤라클레이토
스의 이러한 지혜를 이 조각글에서 해석·추출하고 있다.
　③의 지시가 주는 메시지에 대해 야스퍼스의 해석을 따르면,

로고스에 의한 이성적 사유는 박식에 있는 것이 아니라는 메시지일 것이다. 박식은 참된 지식을 흩뜨리며 어지럽게 만든다. 그러나 삶의 원리로서의 박식에 대한 거부는 결코 지식에 대한 단념을 의미하는 것이 아니다. 그러므로 헤라클레이토스는 다음과 같이 말한다.

지혜를 사랑하는 인간들은 많은 일들에 관하여 익히 알고 있지 않으면 안 된다.

헤라클레이토스는 인간이 본래적 자기로서 실존을 획득하기 위하여 일체의 감각적인 지각으로부터 벗어나서 영혼에 내재하는 로고스로서 이성의 인도를 받아야 한다는 것을 직유적인 언어로 표현하고 있다. 다음과 같은 그의 조각글은 그것을 잘 반영하고 있다.

태양은 그것이 나타날 때 인간의 발의 넓이를 가진다.

여하튼 헤라클레이토스는 통속적인 경험주의를 강력하게 거부하고 있다. 야스퍼스는 로고스에 근거하지 않은 그 어떤 경험이나 감각적 지각도 헤라클레이토스에게는 믿을 수 없는 것으로 생각되고 있다고 주장한다.

3) 특성 묘사

야스퍼스는 헤라클레이토스의 철학을 로고스의 철학, 변화의 철학, 흐름의 철학 등으로 일컫는다. 그는 헤라클레이토스 자신이 자기의 철학을 나타내는 말로서 「Alles fließt」(만물은 흘러간다)라는 조각글로 시사하는 바와 같이, 현상적 존재자의 부단한 변화에 '철학함'의 근본을 두고 있는 것을 고려할 때 그의 철학은 존재론에 역점을 두고 있지 않다고 주장한다.

그러나 야스퍼스는 변화 및 현상적 존재자의 배후에 로고스를 설정하는 헤라클레이토스의 철학적 의도를 조명해 볼 때 존재론적 사유를 전혀 무시했다고만 일방적으로 해석할 수는 없다고 주장하기도 한다.

헤라클레이토스가 사유하고 있는 로고스는 여하튼 두 가지 측면, 즉 정태적(존재론적) 측면과 동태적 측면을 동시에 가지고 있는 것으로 생각된다.

로고스는 그것을 존재론적 측면에서 접근할 경우에 존재 자체, 일적 존재—的 存在, 신, 세계이성 등으로 이해된다. 그러나 로고스의 이러한 존재론적 성격은 서양의 전통적인 존재론에서 이해되고 있는 그런 초월적인 존재로서의 신이나 존재 자체의 성격과는 다르다.

야스퍼스에 의하면 헤라클레이토스의 로고스가 가지는 존재론적 성격의 존재는 초월적이 아니고 내재적이다. 내재적 존재로서의 로고스는 현상의 동태적 변화의 내재율이라는 논리적 근거의 필요성에서 설정된 것으로 해석될 수 있다.

헤라클레이토스의 로고스의 주요 성격은 어디까지나 동태적 역동성 또는 운동으로서의 변화성에 있다. 따라서 로고스의 동태적 성격의 표현으로는 ① 법칙·이법·이치, ② 양극적 대립자 간의 긴장·모순·투쟁, ③ 보편적 공동성 등이 있다.

헤라클레이토스의 로고스가 동태적 측면에서 이 세계 내에 표출되는 현존 양식은 ① 대립을 통한 통일 및 조화, ② 숨음, 즉 은폐 등이다.

이 로고스가 세계 내에서 변화를 생기하게 할 때의 그 형식은 상호 병렬적, 상호 의속적이다. 즉 모순, 대립, 분열, 양극성, 긴장 등은 병렬적 전개이며 전체-부분, 통일-다양, 협화-불협화, 삶-죽음, 깨어 있음-잠, 밤-낮 등은 상호 의속적이다.

헤라클레이토스의 철학에서는 일체가 로고스에 따라서 생기하는데 이 로고스는 그것을 사유하는 사람이 시사하지 않을 경우에는 은폐될 수밖에 없다. 야스퍼스는 이것이 헤라클레이토스 철학의 문제점이라고 지적한다. 더욱이 야스퍼스는 헤라클레이토스 철학의 문제점을 다음과 같이 밝히고 있다.

> 헤라클레이토스의 철학에서 왜 로고스는 은폐되어 있는가? 왜 세계는 존재하고, 순수하고, 대립 없는 평화로운 불이며, 근원이며, 영원한 이성만이 존재하는가? 라는 물음은 제기되고 있지 않다.

그런데도 야스퍼스에 의하면 스토아학파의 철학자들은 헤라클레이토스의 권위를 끌어들여서 그들의 이론을 전개해 나갔으며, 헤겔은 그를 찬양했고, 칼 마르크스의 초기 저작은 그에게 심취했다는 것이다. 라살레Lassalle도 그에 관한 책을 썼다.

특히 야스퍼스는 헤라클레이토스의 로고스 철학이야말로 삶의 인간화를 진작한 니체의 '동일한 것의 영원 회귀'를 정초하였다고 결론짓고 있다.

파르메니데스

파르메니데스기원전 540~470는 남부 이탈리아에 자리 잡고 있는 엘레아Elea 지방의 시민이었다. 그는 부유한 명문 가정에서 태어났다. 육보격六步格으로 이루어진 그의 시편詩編 가운데 현재 약 130개의 시편이 보존되고 있다.

그의 시의 앞부분은 사상가의 천국 여행을 알리고 있다. 태양의 시녀들이 청년이었던 그를 말들이 이끄는 전차에 태우고 밤낮으로 삐걱거리는 차축 소리를 내면서 빨리 달려 그들 상호 간에 놓여 있던 경계 지역의(시녀들을 위해서 정의의 여신 디케Dike가 열어 주는) 문을 통과하여 드디어 그를 지극히 환대하는 여신 앞에 인도하였다. 태양의 시녀들의 입으로부터 그는 진리를 경험한다. "자, 그대는 일체를 경험해야 하느니라. 하물며 그대는 완전한 진리를 체득한 확고부동한 심정도, 세속적인 억견조차도 경험해야 하느니라." 따라서 두 부분으로 이루어진 이 시는 여신의 말씀을 주었다. 제1부의 중요한 단편들과 제2부에 관한 많은 보고가 우리에게 전해 오고 있다.

1) 존 재

파르메니데스의 중요한 근본 사상은 다음과 같다.

존재하는 것만이 존재한다고 말하는 것과 사유한다는 것은 필연
적이다. 왜냐하면 존재가 존재한다는 것은 가능하지만 무無가 존
재한다는 것은 불가능하기 때문이다. 그대는 무를 인식할 수도
없고 언명할 수도 없다. 왜냐하면 무가 존재한다는 것을 이론異論
의 여지가 없을 정도로 증명한다는 것은 불가능하기 때문이다.

형식 논리적으로 말해서 존재는 존재하거나 또는 존재하지 않
는다. 형식 논리학에서 무, 즉 모든 비존재는 사유 불가능하다.
그러므로 존재는 존재하지만, 무는 존재하지 않는다.

이 모든 조각글들은 그리스어의 운문을 통해서 경탄을 자아내
는 명제들이기도 하고 또는 경악을 불러일으킬 정도의 공허한
명제들이기도 하다. 이 조각글은 깊은 감동을 주기도 하지만, 그
것들은 동어반복同語反覆만으로 표현되어 있기도 하다.

파르메니데스는 서양 철학사상 처음으로 존재는 존재하며 사
유할 수 있지만, 무가 존재한다고 해서 사유하는 것은 불가능하
다고 생각한다. 그러므로 존재는 존재하지만, 무는 존재하지 않

는다. 그것은 파르메니데스에게는 사유 자체를 통한 사유의 계시이다. 존재는 다른 어떤 것에 의해서도 표현될 수 없다. 존재는 다만 사유할 수 있을 뿐이다.

존재는 생성되지 않는다. 도대체 존재는 어디에서 생성되는가? 존재는 존재로부터 생성되지 않는다. 왜냐하면 이미 이전에 존재했음이 존재하고 있었기 때문이다. 존재는 무로부터도 생성되지 않는다. 왜냐하면, 언젠가 무로부터 시작하여 성장하는 어떤 근거와 강제도 없을 것이기 때문이다. 무로부터는 무만이 생성될 수 있다. 그러므로 존재는 전적으로 존재하거나 또는 전혀 존재하지 않아야 한다. 존재가 일단 생성된다면 그것은 진정한 의미에서 존재하는 것이 아닐 것이다. 존재는 또한 미래에서 비로소 존재하는 것도 아니다. 존재에 있어 생성과 소멸은 오히려 폐기되어 있다. 존재는 불멸한다. 전적으로 지금 존재하고 있을 뿐이다.

존재는 항상 동일하며 동일한 힘으로 결집된 일자—ᰥ이다. 왜냐하면 존재는 불가분리적으로 근접해 있는 존재이기 때문이다. 존재는 보다 강한 것도 보다 약한 것도 아니고, 어디에서나 존재에 의하여 충만되어 있으며 불가분리적이다. 그것은 야스퍼스를 따르면 파르메니데스에 의하여 처음으로 사용된 존재on이며, 파르메니데스 이전에 말하여진 바와 같은 존재자의 다양성Onta은 결코 아니다. 존재는 유일하다. 왜냐하면 존재 이외에는 아무것도 없고 아무것도 존재하지 않을 것이기 때문이다.

존재는 전체이고 극한이다. 그러므로 존재는 모든 방면으로 완성되어 있다. 존재는 무한한 것도 아니고 끝이 나는 것도 아니며 완성되는 것도 아니다. 존재는 일종의 공球에 비교된다.

존재는 처음도 없고 끝도 없는 강력한 묶음의 한계 안에서의 부동不動이다. 동일한 것은 동일한 것 가운데 머물러 있기 때문에 그것은 자기 스스로 정지하고 있으며, 따라서 그것은 영속적으로 자기 동일한 현장에 머물러 있다.

그러므로 존재는 확고부동하다. 파르메니데스에 있어 존재의 기호들Semata은 추상적 사상의 상징적 장식이 아니다. 오히려 이 기호들은 필연적으로 사유되지 않으면 안 되는 것이다. 우리가 그 기호들을 사유할 때 비로소 존재 자체가 현전現前한다. 그러므로 야스퍼스에 의하면 파르메니데스는 이 기호들에 근거하여 수학과 논리학이 발전시킨 바와 같은 기호언어에의 길을 향해서 나아가는 것이 아니고, 형이상학적 사변에 고유한 사상적 암호언어에의 길을 향해서 나아간다.

가장 공허한 사상은 가장 엄청난 것을 의미한다. 그러나 오성에 의하여 공허한 사상이 용이하고 신속하게 사유될 때 그것은 더 이상 아무것도 의미하지 않는다. 이 공허한 사상의 의미는 기호들을 사유하는 논리적 필연성에서 나타난다. 왜냐하면 이러한 사유와 더불어 존재의 직감이 수행되고 존재에서의 고요가 경험되기 때문이다. 모순과 동일의 필연성과 더불어 기호들이란 시각적인 지각에 근거하지 않는 사유의 표상이다. 파르메니데스의 근본적인 진술은 공허한 동일성이 아니다. 그러나 논리적인 형식만으로 이해할 때 그것은 객관적으로 공허하다. 그것은 그 당시에 천진난만한 창조적 행위로서 가능할 수 있었던 사유행위이다. 그것은 오늘날에도 가능하지만, 그 당시와 똑같은 근본적 심신 상태에서 반복될 수는 없다. 논리적인 것은 존재 가운데서, 존재는 논리적인 것 가운데서 감지되었고, 이 양자는 사유 가운데서 실현되었다. 이러한 논리적인 것은 아직 공허하지 않다. 왜냐하면 그것은 아직 논리적인 것으로서 생각되지 않기 때문이다. 따라서 환상은 은유가 아니고, 오히려 강제적인 사유와 불가분리적이다. 환상은 명령과 같은 논리적인 강제성 가운데 존재하는 사유의 음향이다. 환상은 만물의 근거에 있어 확실성의 환호이다.

논증 불가능한 것을 논증해 주는 것은 예언적 계시의 형식이다. 야스퍼스는 비록 존재가, 즉 존재는 존재하고 존재는 필연적이며 존재는 그것에 속하는 기호들을 나타내 보인다는 인식이 그에게는 압도적인 감정적 경험이었다고 하더라도 파르메니데스는 이 기호들을 훗날 범주라고 일컬었던 형식 가운데서 사유하지 않을 수 없었다고 말한다. 그의 감정은 그로 하여금 이 기호들을 무엇보다도 신비적인 형상들과 유사한 형상들로서 생각하도록 촉진하고 있다. 존재는 모이라Moira(운명의 여신)에 의하여 불변적인 전체자로서 존재하도록 속박되어 있다. 절대적인 필연성 Ananke이 존재를 한정된 언저리 안에 붙잡아 두고 있다. 디케는 존재를 생성하거나 소멸시키지 않으며 존재의 쇠사슬을 풀지도 않고 존재를 해방시키지도 않으며, 오히려 존재를 꼭 붙잡고 있다.

파르메니데스는 존재에 관한 성찰을 통해서 존재의 확실성이란 그 기원을 사유 가운데 두고 있다고 이해한다. 사유와 존재는 하나이면서 동일하다.

사유와 사유되는 것은 하나이면서 동일하다.

다른 말로 옮기면 인식과 인식되는 것은 하나이면서 동일하다.

왜냐하면 그대는 언명된 것으로서 존재하는바 존재자 없이는 사유를 만날 수 없기 때문이다.

사유의 필연성은 사유된 존재의 확실성이다. 그러나 이 사유는 일반적인 의미의 사유가 아니다. 우리는 사유가 존재와 대립한다고 생각한다. 그러나 파르메니데스는 그의 사유(누스Nus의 본래적인 사유)를 분열되고 구별되는 사유와는 다른 것으로서 인식하고 있다.

누스에 의하면 부재하는 것도 분명히 현재하므로 일체를 누스로서 이해해야 한다. 왜냐하면 존재자는 누스와의 관련으로부터 분리되지 않기 때문이다.

누스에 있어 존재 자체는 전체로서 현재한다. 그러므로 부재자는 다른 일체의 것과 공재한다.

야스퍼스에 의하면 파르메니데스의 존재 개념의 의미는 우리가 본래적인 사유가 아닌 것을 통하여 그것을 사유하고자 할 때 상실된다. 범주들의 논리적으로 상이한 풍요와 세계의 구상적인 풍요를 척도로 삼고 살펴볼 때 파르메니데스의 존재는 빈약하기 때문에 사라진다. 왜냐하면 이 존재를 과감하게 초월해 나가는 사유는 범주 이전의 무형상적 또는 범주를 초월하는 영역을 지향하기 때문이다. 그러나 파르메니데스에 있어 초월자는 다른 어디에도 없으면서 전적으로 현재한다. 초월자는 감각적·시간적 세계의 충만 가운데 현재하지 않는다. 파르메니데스의 사유에 힘을 부여하는 근본적인 구별은 감각세계와는 전적으로 다른 충만으로서의 존재 자체의 진지성과 속견俗見, doxa의 세계가 지닌 범속성 간의 차이 가운데 나타난다. 야스퍼스는 파르메니데스가 시사하는 존재의 사유의 의미를 다음과 같은 대비를 통해서 보다 분명히 하고 있다.

이 존재는 하나의 구球와 비교되며 그것은 한계의 굴레 가운데 있다. 존재는 아낙시만드로스의 무한자Apeiron와 가장 뚜렷한 대조를 보여 준다. 존재란 무한자가 아니고 페라스Peras이다. 페라스라는 것은 사유 가능성의 요구와 상응한다. 사유되는 것은 규정되며, 그럼으로써 한계를 가진다. 사유에 의하여 강요되는 확신은 논리적인 처리를 통한 통찰이다. 존재하는 것은 사유되는 것이며, 사유되는 것만이 존재하는 것이다. 사유는 이미 그 자체에 있어 절대적인 특성을 가지고 있다.

이러한 입장으로 말미암아 파르메니데스는 헤라클레이토스와 대조된다. 헤라클레이토스에게 로고스는 신적이며 가사적 존재가 들이마시는 것이고 결코 절대자 자체가 아닌 인간의 사유, 즉 단순한 메아리에 불과하다.

2) 가상의 세계

파르메니데스의 하나이면서 일체인 근본적 사유의 대립자는 가상假象의 세계이다. 그럼에도 불구하고 그는 가상의 세계에 대하여 상당한 노력으로 전념하고 있다. 여신은 파르메니데스에게 제일 먼저 진리를 말하고, 그다음에는 가사자可死者의 속견을 말하고 있다. 이러한 속견 가운데서 파르메니데스는 사실 전통적인 우주론과 현상에 관한 지식이 가져다준 질료들로써 가상의 세계를 관찰하고 있다. 이는 결코 새로운 관찰이 될 수 없다.

세계의 기원起源과 속견의 기원은 동일하다. 가상의 근원은 일자의 분열에 있고, 이것은 명명과 결부되어 있다. 사람들은 두 가지의 형상을 밝음明과 어둠暗이라고 명명하였다. 그들은 영기靈氣 서린 불과 불빛 없는 밤을 분리하였다. 전자는 부드럽고 경쾌하며 항상 자기 동일적이고, 후자는 둔탁하고 무겁다.

이리하여 그들은 오류 속으로 빠져 들어간다. 일체는 단순한 이름에 불과하며, 이는 그것이 마치 생성과 소멸, 존재와 무, 장소의 변경과 밝은색 및 다른 모든 것의 변화와도 같이 참이라고 확신한 속인들이 그들의 언어로 표시한 바의 것이다. 그러므로 속견에 의하면 이 사물들은 창조되며 지금도 역시 존재하고, 앞으로 계속 성장하였다가는 결국 종말에 이르고 만다. 사람들은 이 사물들을 각각 구별 짓기 위해서 하나의 기호로서의 이름을 지었다.

파르메니데스에게 세계상이 어떻게 구체적으로 형성되었는지에 관해서는 현재 우리에게 거의 전승되어 있지 않다. 아낙시만드로스에 있어서와 마찬가지로 불로 충만된 영역들, 즉 태양과 달, 대지와 삶에 관한 이야기가 있었다. 그러나 그 중간에는 만물을 지배하는 여신이 있다. 최초에 여신은 에로스를 창조하였다. 여신은 도처에서 잔인한 탄생과 짝짓기를 자극한다.

그러나 왜 하나의 진리만이 존재하지 않는가? 왜 일반적으로 가상의 세계는 존재하고 존재는 존재하지 않는가? 우리는 파르메니데스에 있어 오류의 기술記述 이외에 어떤 해답도 발견하지 못한다. 우리는 다만 파르메니데스의 정신 가운데서 다음과 같은 해답만은 반드시 구성하지 않으면 안 된다. 가상은 존재 자체를 통해서 일어난다. 존재 자체는 변화의 과정 가운데서 나타나며 불충분한 존재의 —존재할 수 없는 것, 즉 비존재인 존재의—
생기양식生起樣式, 즉 가상의 양식을 야기한다. 그러므로 존재의 전
체자는 상실되고 부재자는 더 이상 현재하지 않으며 현재는 과
거 및 미래와 분리되어 있다. 가상세계와 더불어 속견의 가상이
존재하며 이 속견의 가상과 함께 가상세계가 야기된다.

우리는 왜 파르메니데스가 가상세계에 대해서 그토록 많은 관
심을 가졌는가를 계속해서 물을 수 있다. 여신이 최초에 그에게
다음과 같이 말하였다. "그대는 인간들에게 가상적인 것으로 생
각되는 모든 존재자가 어떻게 해서 존재하는 것처럼 보이는가를
인식해야 할 것이네." 여신은 존재에 관한 진정한 이론을 종결지
은 후 다음과 같이 반복하고 있다. "나는 그대에게 현상세계를 가
상적인 것이라고 알리고 싶노라. 그러므로 그 어떤 세속적인 견
해도 일찍이 그대를 압도하지 못하였도다." 파르메니데스의 사
유의 높이와 깊이를 고려할 때 그가 어떻게 하든 세상 사람들을
능가하기 위하여 가상의 지식, 말하자면 반철학을 제시하여야만
했다는 것은 생각할 수 없다. 그러나 그가 실제로 행한 것은 가상
의 세계를 그것 자체의 필연성을 기초로 하여 철학적으로 파악
하고 동시에 그것을 진리의 관점으로부터 간파하고 관통하는 일
이었다. 속견은 비틀거리는 세속적 인간의 사유 방식과 동일하

지 않은 방식에서 사유되어야 한다. 속견은 사유되어야 하며, 그 것은 사유의 거짓된 방식에 의해서는 결코 음미될 수 없다. 왜냐 하면 가상의 속박으로부터 벗어난 이러한 철학적 사유란, 말하자 면 가상이 전개되고 있는 그 토대로부터 가상의 진리를 나타내 기 때문이다.

조각글들은 파르메니데스가 그의 가상의 사유를 어떻게 그의 근본 사상과 관련시켰는가에 관해서는 전혀 암시하고 있지 않 다. 그러나 우리는 다른 저술가들의 보고에서 그 문제에 관한 암시를 받을 수 있다. 그는 사유와 존재는 동일하다는 명제만을 가르쳤을 뿐만 아니라 또한 최초에 엠페도클레스에 의해서 유 명해지고 나중에 플로티노스를 거쳐서 괴테에 이르기까지 되풀 이된 명제, 즉 동일한 것은 동일한 것을 통해서만이 지각되고 인 식된다는 명제까지도 가르쳤다. 그러므로 파르메니데스는 사자 死者가 사실은 불의 결여 때문에 빛과 열과 소리를 지각하지 못 하지만, 차가움과 침묵만은 지각할 수 있다고 믿었다. 존재하는 모든 것은 인식이다. 인간은, 첫째 누스로써는 존재를 인식하고 둘째 잡박한 본질로써는 가상을 인식하고 셋째 사자로써는 무 를 인식한다.

3) 결 정

파르메니데스는 진리의 길(존재의 사유)과 오류의 길(무에 대한 사유), 이 쌍갈래 길 가운데 하나를 결정할 것을 요구하고 있다. 그러나 무에 관한 사유는 불가능하기 때문에 그는 그것에 관하여 더 이상 말하지 않는다. 어디에나 편재遍在해 있으면서 모든 인간을 재난 속으로 몰아넣을 수 있는 엄청난 오류는 존재의 사유와 무의 사유를 혼동하는 일이다. 아무것도 모르는 속인들은 그들로 하여금 당혹으로 몰아넣는 이 쌍두의 길목을 배회할 뿐이다. 왜냐하면 이러한 당혹은 좌왕우왕하는 의식을 속인들의 가슴속으로 인도하기 때문이다. 그러나 속인들은 귀먹고 눈이 먼 무사려無思慮한 무리들로 태어났기 때문에 그들은 존재와 무가 동일하기도 하고 동일하지 않기도 하며 또한 만물에는 자기 자신에로 되돌아가는 길이 있다고 믿고 있다. 이러한 속견은 파르메니데스에게는 자기인식을 결여하고 있고 그 의미론상으로 볼 때 헤라클레이토스에서 발견되는 형식의 무의미에 불과하다(이와 동시에 문헌학자들 간에는 일반 속인들로서는 이해할 수 없는 전대미문의 언어들로 표현된 헤라클레이토스의 형식들이 속인들의 어떤 분명한 사유로도 파악될 수 없다는 사실로 말미암아 헤라클레이토스에 대한 어떤 강렬한 표현의 경멸도 없었다는 점에 관해서는 결코 일치된 바가 없다). 여신은 다음과 같이 경고한다. "경험적인 습관이 보이지 않는 눈과 들리지 않는 귀와 혀를 지배하는 방식으로 그대를 강요해서는 안 되느니라."

파르메니데스는(최초에 천국 여행의 표상과 현실에서 맛본) 사유의 근본 경험으로써 알려 주는 것, 즉 존재의식의 전이轉移를 통한 전 본질의 전이를 모든 사람으로부터 요구하며, 그것을 구원으로서 고지하고 있다. 그러나 논리적 사유, 즉 논의상의 증명은 사유에 의하여 결론지어진다는 원리에 의하여 이 방식이 강요되어야 한 다는 것, 그것이야말로 파르메니데스에게는 바로 철학자로서, 즉 지知의 추구자로서 본래적인 것이다.

4) 이 '철학함'의 풀 수 없는 난해성

이 철학함의 난해성은 전통의 단편성에 의하여 제약되는 것이 아니고 문제 자체에 근거해 있다.

태양의 시녀들(신적인 힘)은 청년을 수레에 태워 밤의 세계로부 터 빛의 세계, 즉 여신에게로 인도한다. 청년은 이 두 세계 사이 의 경계선에서 문을 열어 주는 디케로부터 입문을 허락받는다. 청년은 그곳에 도달하여 다음과 같은 것을 경험한다. 그에게 드 러난 것, 즉 빛, 낮은 진리와 존재에 속하며 그가 그의 배후에 남 겨 둔 것, 즉 어둠, 밤은 속견과 가상, 다시 말해서 무에 속한다.

그러나 덧붙여 말하건대 낮과 밤의 차이는 그 자체가 가상에 속한다. 가상의 영역으로부터, 즉 가상 안에 머무름으로써 그는 가상의 빛에로의 이 비상이 또한 무엇을 야기하는가를 듣는다.

사변 철학은 그 초기에 곧 철학함의 불가능성에 직면한다. 말하자면 철학함의 본래적인 기도란 그것이 수행되는 도정에서, 즉 그것이 도달하는 진리의 의미에 의해서 파기된다. 그것이 진리에 도달함으로써 좌절하고 사라진다. 철학은 그것이 이미 획득한 진리로부터 다시 떠나는 희생에 관해서 진술한다.

이와 동일한 것을 달리 진술하여 보기로 하자. 만일 우리가 그 무엇을 사유한다면 그것이 구별되거나 또는 그것과 관련한 다른 그 무엇을 동시에 사유하지 않으면 안 된다. 이 사유는 파르메니데스에게 분리와 명명을 통한 가상의 근원이다. 진리로서 사유되는 것은 비분리적인 것으로서 사유되지 않으면 안 된다. 그러나 그것은 사유되기 때문에 분리 가운데서 사유된다. 파르메니데스는 무와 대립하는 존재를 사유한다. 그러나 무는 사유 불가능하며 그것이 착각이기 때문에 사유되어서도 안 된다. 인간은 이 두 길 가운데 하나를 택할 것을 요구받는다. 이처럼 이 두 길은 구별되었고 사유되었다. 그러나 구별되는 곳에서 존재는 사유되는 것이 아니고 오히려 그곳에서 우리는 이미 속견의 영역에 존재한다.

이 이론異論에 대하여 다음과 같은 해명이 가능하다. 존재와 무의 대립은 절대적이다. 가령 그것이 사유 가운데서 파악될 때 그것은 결코 대립일 수 없다. 왜냐하면 무는 존재하지 않고 단지 존재만이 존재하기 때문이다. 무는 자기 동일적이면서 자기 완성적이고, 대립으로부터 벗어난 존재에 대한 진정한 사유가 수행될 때 사라진다. 우리가 진정한 길을 택할 경우, 우리는 그 길이 유일한 길임을 파악하게 된다. 즉 우리는 사실 그 길 이외에 다른 어떤 길도 없음을 알게 된다. 파르메니데스가 존재를 사유하는 곳에서는 결코 더 이상 양자택일이 있을 수 없다. 초월적 사유의 명령은 사유자로 하여금 대립을 넘어서 대립이 없는 영역으로 이끌어 간다.

그러나 이론에 대하여 어떤 해명이 진술되든 간에 이론은 부정되지 않는다. 이론이 부정되지 않는다는 것은 철학을 파괴하는 것이 아니라, 오히려 철학의 의미를 보다 분명하게 만들어 준다. 이론의 내용은 그 무엇에 관한 오성의 강제적 인식으로써는 획득되지 않는다. 그러므로 이론은 철학적 의미가 파기될 때 비로소 정당화된다. 다른 한편으로 이 철학적 의미는 사유에 있어 사유자의 실존과의 일치에서만 획득되고 보존될 수 있다.

5) 영 향

파르메니데스의 영향은 매우 엄청나다. 그것은 그의 사유의 논리성을 고려할 때 놀라운 일이다. 그러나 그의 사상의 진술에 있어 외견상으로 공허한 것같이 보이는 것도 파르메니데스 자신에게는 최상의 충만이었을 뿐만 아니라 그의 모든 계승자에게는 그것이 전달됨에 있어 순수 형식에 이르는 이 사유 형식을 실현하여야 한다는 하나의 요청이기도 하다.

야스퍼스는 파르메니데스가 후세에 구체적으로 미친 역사적인 영향은 이외에도 다른 몇 가지 근거를 가지고 있다고 말한다. 야스퍼스에 의하면 그가 전개한 사유 방식은 자주적으로 이용되고는 있지만 반면에 그것의 근원적인 의미는 역사의 배후로 사라져 버리거나 또는 상실되고 있다.

(1) 파르메니데스는 사유에 의해서 세계의 근원의 피안에, 즉 이미 다양한 방법으로 아르케arche(근원 또는 원리)로서 사유된 것의 피안에 지반을 만들고자 하였다. 그러나 그가 사유했던 것은 아르케에 대한 사유의 새로운 방식으로서 파악되었다. 파르메니데스 이후의 사상가들은 그들이 세계의 근원을 (엠페도클레스의) 원소들, (아낙사고라스의) 무한하며 다양한 소입자들, (데모크리토스의) 원자들 등과 같은 존재의 기호를 수용하여 사유함으로써 파

르메니데스의 존재사유의 요청을 실현하고자 시도하였다.

(2) 파르메니데스는 모순율을 형성하지는 않았다. 그러나 그는 처음으로 양자택일에 있어 강제적인 사유의 가능성을 인식시켜 주는 명쾌함을 가지고, 그것을 존재의 사유에 적용하고자 하였다. 파르메니데스는 존재 자체, 즉 영원한 진리를 드러내고자 하였지만, 그의 방법은 그 무엇에 관한 바른 진술에 적용할 수 있는 강제적인 사유의 도구가 되었다. 그의 방법으로부터 논리학과 변증법이 생겨났다.

그러므로 나중에 근원적인 전체로부터 다음과 같은 세 가지의 부문이 분리되어 나왔다. 첫째는 강제적인 사유에 있어 형식을 끄집어내는 논리학이며, 둘째는 심오한 진실을 알려 주는 방법적인 유희로서 이해되는 형이상학적인 사변이며, 셋째는 존재와 세계의 심미적 표상, 즉 사유형상의 무한한 다양성을 아무런 구속력 없이 추적하는 지적 유희 등이다.

(3) '사유는 존재요, 존재는 사유이다'라는 명제는 최초에 파르메니데스에 의하여 의식되고 사유되었다. 우리는 이 명제가 타당한 것으로 인정되는 곳에서만 다음과 같은 사실을 확신할 수 있다. 즉 우리는 순수사유에 있어서는 사유 내용에 관하여 추사유追思惟할 뿐만 아니라, 다시 말해서 어떤 사실과 관련하여서는

규칙에 따라서 논리적 조치를 취할 뿐만 아니라, 또한 사유와 더불어 존재 자체의 한가운데 서게 된다는 사실 말이다. 사유는 존재 전체가 자기 자신으로서 현재하는 실재이다. 존재 자체는 사유될 뿐이다.

이 명제가 이처럼 예리하게 진술되었을 때만이 비로소 존재와 사유는 ―이 양자의 관계를 인식하기 위하여― 각각 분리하여 사유되어서는 안 되는지(이 양자를 분리하여 아주 명확하게 진술한 사람은 바로 칸트였다) 하는 물음이 가능하게 된다. 이러한 관점에서 본다면 사유는 존재 자체를 파악할 수 없다. 사유는 유효한 인식에서 자기 자신에게 열리는 존재의 현상의 영역만을 획득한다. 그러나 존재 자체는 사유된 내용에 대한 사유에서보다도 오히려 사유의 좌절에서 시사된다. 사유는 이미 존재가 아닌, 존재를 지향하는 인간의 활동이다. 존재 자체는 사유이다는 사상은 하나의 암호이지만, 그것은 결코 실제적인 현실이 아니다.

파르메니데스의 사유는 신앙에 근거를 둔 사유태도의 본거지가 되고 있다. 이 유형의 사상가들은 사유의 확실성에 있어서는 존재의 현실적인 현전을 가지며, 유효한 사유에 있어서는 절대적인 진리를 가진다고 가정하였다. 그들은 이러한 사유태도가 진리를 주장하는 다른 모든 사유를 폭력으로 부정할 수 있는 정당성을 주었다고 결론지었다. 그러나 사유가 그의 이해력의 자기 인식적 한계와 다양한 방법과 일정한 인식 가능성을 의식하게 될 때 이러한 사유태도로부터 생기는 폭력과 광신은 사라진다.

(4) 파르메니데스는 존재라는 말의 변화들을 다루고 있다. 우리의 논리적 언어상의 추사유를 위해서 그는 가장 일반적인 형식, 즉 실제적이든 또는 함축적이든 간에 모든 진술 가운데 언표되는 계사繫辭, Kopula "이다"를 사용한다. 그는 이 말을 가장 일반적인 범주로서 사용한다. "이다"란 말은 그것이 무엇에 관한 말을 뜻하든 간에 사유되기 때문에 존재의 방식이다. 야스퍼스는 파르메니데스 이래 항상 모든 말, 즉 모든 문장 가운데 무의식적으로 사용된 낱말들이 다음과 같은 특별한 의미를 가지고 있다고 주장한다. 그것은 그리스어로는 'etsin, einai, onta, on, usia' 등이며 라틴어로는 'est, esse, existentia, essentia' 등이고, 독일어로는 'ist(이다), Sein(존재), Seiendes(존재자), Dasein(현존재), Sosein(그렇게 있음), Wesen(본질)' 등이다.

우리가 이 낱말들의 일반성을 숙고하자마자 곧 그 낱말들은 형식적인 공허 가운데서 사유된다. 그러므로 이러한 낱말들은 실로 파르메니데스의 사유의 한 계기이지만, 단순한 일반성으로서의 사유 자체는 그 의미를 상실하고 있다. 왜냐하면 사유자가 사용하는 수단은 이 사유 자체가 아니기 때문이다. 가장 공허한 것이 가장 의미심장한 것일 수 있다는 것은 사변의 역설이다. 존재의 본질적인 의미, 즉 이러한 가장 보편적인 말들이 논리적인 형식이나 또는 언어학상의 형식에 있지 않고 존재인바 일체의 것 앞에서 체험하는 불확정한 감정에 있을 때 존재에 관한 가장 추상적인 물음이 가장 강력해진다.

이러한 물음이 제기될 때 무가 나타나며 그때부터 어떤 평정도 더는 잔존하지 않는다. 파르메니데스는 무란 사유될 수도 없고 존재할 수도 없다고 말한다. 플라톤은 무란 어떤 의미와 어떤 방식으로 존재하는가를 사유하였다. 그러나 왜 존재는 존재하며 무는 존재하지 않는가라는 물음은 셀링에 있어 왜 그 무엇은 존재하고 무는 존재하지 않느냐는 가장 날카로운 공식으로 전개되어 나갔다.

존재에 관한 사유를 실현하기 위하여 존재란 어떤 근본방식에서 존재하며 존재로서의 존재란 무엇인가라는 것이 형식적으로 사유되고 전개되었다. 이러한 사유는 그것이 약 2천 년 동안 전개되어 온 이후, 즉 17세기 이래 존재론의 이름으로 사용되어 왔다. 파르메니데스의 사유는 존재론의 시초이지만, 동시에 그것의 독단적인 학설 전파에 있어 그의 철학의 자극적인 의미는 상실되고 말았다.

(5) 파르메니데스는 존재를 신이라고 일컫지 않는다. 그러나 그가 존재의 기호로서 생각해 낸 것은 나중에 신학자들이 신의 속성을 정의하고자 시도하였을 때 신의 의미로 옮겨졌던 범주들의 영역이 되었다. 파르메니데스로부터 형상 없는 신을 사유하고자 하는, 즉 순수사유에 의하여 초월자를 확인하고자 하는 적절한 사유 동기가 비롯되었다. 그의 존재론은 신학의 도구가 되었다.

(6) 진리와 속견의 차이, 즉 존재의 존재와 세계의 가상 간의 차이는 나중에 이른바 이원론 가운데 고착되었다. 이것은 자연적, 본래적인 현실성이 세계 존재의 가상에게 주어졌을 때, 즉 가상이 현상이 되고 존재가 피안이나 다른 존재 또는 제2세계나 배후세계로 되었을 때 비로소 가능해졌다. 이와 동시에 파르메니데스의 존재와 인식의 통일은 서양의 전 역사를 통하여 여러 형태의 변화를 거치면서 전개되는 이원론으로 변형되었다.

파르메니데스는 도처에서 그의 지극히 급진적인 문장들과 날카로운 주장으로 말미암아 이원론적인 사유의 출발점이 되었다. 파르메니데스에 의해서 사유는 독립적인 힘으로서의 자기인식을 획득하였다. 결론적으로 말해서 사유는 그것의 가능성들을 드러내고 있었지만, 한계에 부딪히기도 하고 이러한 한계 앞에서 좌절을 맛보기도 하였다. 이러한 좌절은 파르메니데스가 사유에 대하여 엄청난 요구를 가지고 기대했기 때문에 초래된 현상이었다.

플라톤은 그가 소크라테스 이전 철학자들 가운데 가장 위대한 철학자로서 간주한 파르메니데스를 위해서 하나의 기념비적 저술을 남겼다. 그는 『테아이테토스Theaitetos』에서 다음과 같이 진술하고 있다.

파르메니데스는 내가 생각하건대 호머Homer가 말하고 있는 바와 같이 존경할 만하면서 외경심을 불러일으키는 사람이다. 나는 그에게는 고귀성과 결합된 일종의 정신의 깊이가 있다고 생각한다. 나는 우리가 그의 말들을 이해하지 못하고 더욱이 그 말들의 진정한 의미를 전혀 파악하지 못할 것이 아닌가 자못 두렵다.

이와는 반대로 니체는 그가 이해하였다고 생각했지만, 사실은 전혀 이해하지 못했던 파르메니데스의 비상함을 감지하였다. 그는 말하자면 "불로부터 형성된 것이 아니고, 오히려 얼음으로부터 형성된 진리의 예언자의 유형, 전혀 피가 없는 추상, 사유장치 속에서 논리적 엄밀성을 통해 거의 변형된 자연"에 관하여 말하고 있다. "지금부터 진리는 거미 집 가운데와 같이 단지 가장 창백하며 추상적인 일반성 가운데, 즉 가장 애매한 말들의 공허한 껍질 가운데 내재해야 한다."

헤라클레이토스와 파르메니데스 간의 비교

1) 그들 간의 공통적인 상황

헤라클레이토스와 파르메니데스는 선행 철학들, 즉 헤시오드 Hesiod의 신화적 사유와 신화로부터의 철학적 해방, 밀레토스Miletos 학파의 여러 가지 지식과 우주론적·우주진화론적 구조, 피타고라스Pythagoras의 영혼에의 신앙 및 영혼 윤회, 크세노파네스의 계몽에 있어서의 일신론—神論 등에 관해서 정통하고 있다. 그들은 사유의 독립성에 참여하였으며 아낙시만드로스를 알고 있었다. 그들은 동일한 정신적 상황에 처해 있었으며, 따라서 희랍인들의 정신을 동요시켰던 종교적 운동을 체험하였다. 그들이 직면했던 새로운 과제는 그 당시 강력한 종교적 운동과 유사했다. 이 종교적인 운동은 아마도 페르시아가 소아시아의 희랍 도시국가들을 정복한 것과 동시에 일어났을 것이다. 그들은 본래적인 존재의 사유 속에서 고요를 추구하였다.

2) 이 시대에 있어서 공통적인 새로운 요소

그들은 근본적으로 다양한 방법으로서 동일한 것을 행하고 있다. 즉 파르메니데스는 논리적 동일성과 모순의 제거로써 행하며 헤라클레이토스는 모순을 포괄하는 변증법으로써 행하고 있다. 두 사람은 순수사유의 적재력積載力을 경험한다. 이 순수사유는 그들이 정신 속에 새겨 넣는 언어만으로서 이용하는 감각적 경험과 구체적인 직관을 통해서는 결코 규정되지 않는다. 그들은 합리적인 조작이 아닌 것만을 항상 합리적 방법에 의하여 수행한다. 그들은 세계 내의 모든 지知를 초월하는 사유의 가능성, 즉 다른 어떤 곳으로부터도 세계 자체를 관통하는 사유의 가능성을 발견하고 있다. 이 사유는 그들에게는 절대적인 진리이다.

두 사람은 단순성을 지향하는, 즉 본질적인 것만을 숙고하는 지극히 완성적인 언어로써 사유하였다. 그들은 고풍스러운 조형미술과 아테네 비극의 초기 시대에 살았다.

파르메니데스는 서정시의 육보구六步句를 전달 형식으로 썼고 헤라클레이토스는 그의 산문을 지혜로운 고대 격언의 형식으로 썼다. 파르메니데스의 시 의식은 헤라클레이토스의 산문의 위엄에 상응한다. 두 사람은 이러한 형식 속에서 새로운 길을 찾았다. 그들은 단지 전통적인 의복만을 선택하지 않았다. 파르메니데스의 시와 같은 것은 결코 없었다. 고대의 어떤 형식의 지혜로운 격언도 이미 헤라클레이토스의 형식은 아니다.

3) 두 사람 간의 일치와 대립

고대에 있어 그들은 맞수로 간주되고 있다. 야스퍼스는 두 사람 간의 대립은 형식에 있어 다음과 같이 서술되었다고 주장한다. 즉 파르메니데스는 존재를 가르치고 헤라클레이토스는 생성을 가르친다. 이 말은 마치 두 사람이 동일한 물음(본질적으로 무엇이 존재하는가?)에 대해서 정반대의 해답을 준 것처럼 들린다. 말하자면 파르메니데스는 영원히 동일적이며, 불변적인 존재만이 있다고 주장하는 데 반해서, 헤라클레이토스는 만물의 영원한 흐름(panta rhei, 만물은 유전한다)만이 있다고 주장하고 있으니 말이다. 그러나 이러한 도식과는 반대로 두 사람은 생성뿐만 아니라 존재까지도 가리키고 있다. 파르메니데스의 존재는 헤라클레이토스의 로고스(지혜 또는 신), 즉 항상 자기 동일적인 로고스의 불생불멸하는 존재에 상응한다. 파르메니데스에 있어 진리와 가상의 분리는 헤라클레이토스에 있어 로고스의 은폐에 상응한다. 파르메니데스는 직관noein을 통해서 존재의 전체를 파악하고 동시에 존재자 가운데서 부재자不在者를 공재자共在者로서 이해한다. 헤라클레이토스는 신중한 사유로써 대립자의 투쟁에 관여하며, 따라서 이러한 투쟁에 있어 로고스는 주재자主宰者로서 현전한다. 두 사람 간의 대립성은 상호 배척적인 것이 아니다. 그들이 사유하는 것은 영원히 존재하는 것을 다양한 방식으로 사유하고 있다는 점에서 상호 대응적이다. 파르메니데스는 존재를 논리적 동일성과 자기 동일적 완전자의 초월적 고요 가운데서 사유하며, 헤라클레이토스는 논리적 변증법과 자기 동일적 법칙의 초월적 고요 가운데서 사유한다. 파르메니데스는 동일성의 의미를 그것을 통해서 모순이 파괴되는 것으로 이해하며, 헤라클레이토스는 모순의 의미를 대립의 통일을 통해서 그것이 지양되는 것으로 이해한다. 두 사람 간의 투쟁은 그들이 그들 자신의 공식을 상호 대립하는 형식으로 절대적이라고 주장할 때 비로소 나타난다.

두 사람의 정신적 외관은 물론 매우 다양하다. 헤라클레이토스에 있어서는 투쟁 속의 분리, 즉 대립 가운데서 존재를 파악하고 투쟁 가운데서 평화를 찾고, 사유 가운데서 척도를 획득하며 법칙을 인식하는 과제가 중요시되고 있다. 파르메니데스는 처음부터 사유 가운데서의 고요한 자기 동일적 직관에 중점을 둔다.

헤라클레이토스와 파르메니데스는 자기 자신을 인식하고 있었고 이와 동시에 그들 상호 간의 대립을 통해서 자신의 사상을 보다 예리하게 형성할 수 있었는가? 한 사람은 노인이었으며, 그 때문에 청년의 도전을 받아야만 했는가? 그들이 비록 동시대에 살았다고 하더라도 서로에 관해서 전연 아는 바가 없었는가? 이러한 물음에 대한 어떤 확실한 해답은 없다. 객관적인 근거로부터 볼 때 헤겔에 있어 파르메니데스는 최초의 철학자였다. 첼러Zeller와 라인하르트Reinhardt 역시 그렇게 생각하고 있다. 베르나이스Bernays(그 이전에 이미 슈타인하르트Steinhardt가 주장한 바 있다) 이래 헤라클레이토스는 최초의 철학자로서 인정되고 있다. 왜냐하면 파르메니데스 쪽에서의 격렬한 논쟁의 입장이란 헤라클레이토스의 격언을 배척하고 있음을 나타내기 때문이다. 이와 반대로 빌라모비츠Wilamowitz는 "그들은 서로에 관해서 아무것도 모르고 있었다"라고 말하고 있다. 고도로 교통이 발달한 우리 시대에도 어떤 두 사상가가 서로 간에 아무것도 모른다는 것은 가능한 일이다(니체는 30년 정도 연장자인 키르케고르에 관해서 아무것도 모르고 있었다). 우리가 분명히 알 수 있는 것은 헤라클레이토스와 파르메니데스가 대략 동일한 시기에 살았다는 사실뿐이다. 그러나 그들이 살았던 시기의 차이란 고작 10년 내지 20년이며, 그 이상이 될 수는 없을 것이다. 우리가 역사적으로 이해할 때 그들은 상호 독립적이면서 상호 평행선을 이루는 두 사람의 형상이며, 이러한 두 형상은 공통성과 대립을 통해서 사실상 불가분리적으로 관련되어 있다. 우리가 그들을 나란히 두고 생각할 때만이 비로소 그들은 우리에게 그들 사유의 본질을 분명히 드러내 보인다.

4) 순수사유

두 사람은 새로이 획득한 순수사유의 영역으로 나아간다. 이러한 순수사유는 대상적이고 일정하며 경험적인 사유를 척도로 삼고 헤아려 볼 때 결코 이해될 수 없다. 그것은 그것의 명제에 있어서는 근본적으로 어떤 것도 말하고 있는 것 같지 않다. 그러나 이와 같은 이해 불가능성과는 달리 이 사유가 찬양되고 사유의 엄숙한 형상이 경건하게 반복되며 사람들이 필연성의 노출된 상相 또는 운명의 조명이라고 일컫는 것이 이 사유 가운데서 주장되고 또한 그 가운데서 존재의 조망을 통해 영웅적인 인내와 평화가 인식된다면, 비록 이러한 명제가 진실하다고 하더라도, 순수한 사유의 의미는 완전한 것으로서 표현된다. 또한 그렇게 됨으로써 거짓된 것으로 급변하고 만다.

왜냐하면 이러한 철학함 가운데서 착수한 것은 결코 객관적인 소유로서 완성될 수 없으며 항상 실존적 현실성 가운데서 완성될 뿐이기 때문이다. 아마도 그 당시 저 사유자들에게 있어서의 이와 같은 영웅적 정신과 평화는 오늘날보다도 더 현실적이었을 것이다. 그러나 사유와 행위와 일상적인 자기 태도에 있어 그들은 그들의 확증뿐만 아니라 그들의 전달까지도 결코 완결될 수 없는 운동 가운데 있다.

5) 예언과 지배에의 의지

이 위대한 두 철학자의 인격은 그들이 발견했던 진리를 비상한 것 이상으로 소유하려는 것을 배제하는 공통적인 특징을 가지고 있는 것 같다. 이 공통적인 특징은 그들의 자기확신이 예언적으로 나타나고 있다는 점이다. 비록 그들이 신의 권위가 아닌 그들의 직관력에 의지하고 있다고 하더라도 이 직관력은 실로 총체적이고 그들의 감동에 있어 압도적이다. 그러므로 파르메니데스는 여신의 입을 빌려 직관력을 말하고 있다. 헤라클레이토스 역시 어떤 계시에도 호소하지 않고, 오히려 그의 작품을 에페소스의 아르테미스 사원에 맡겨 놓고 있다. 두 사람은 그들의 진리를 신의 소리를 통해서가 아니라, 오히려 사상의 확신을 통해서 기초 세우고 있다. 결정적인 것은 신적인 말에 대한 순종이 아니라 사유 자체에 있어서의 계시이다. 그들은 그들 자신의 재능에 의하여 진리를 발견하였기 때문에 스스로 다른 사람보다 훨씬 탁월하다고 느꼈다. 그들은 그들이 부여받은 전대미문의 통찰 능력에 좇아서, 즉 더 이상 물음을 제기할 필요가 없는 절대적인 확실성에 좇아서 정신적인 전제 군주의 태도를 취했다. 그들은 그들 자신의 말을 존재의 말로서 인식하고 있었다. (파르메니데스의 이념에 있어) 여신에 의하여 고취되었거나 또는 헤라클레이토스의 표상에 있어 일체를 관통하는 세계이성으로부터 영감을 받은 진리 자체가 그들의 입을 통하여 말해졌다. 그들은 사물의 근본을 이해하는 그들의 통찰과 다른 모든 사람들의 일상적인 사유 방식 간의 좁힐 수 없는 간격을 보았다. 그러므로 그들은 그들의 저작 속에서 다른 사람들에게 영향을 미치고 싶은 의욕을 나타내고 있음에도 불구하고 다른 모든 사람과의 상호 소통을 단절할 정도로 사람들과의 먼 거리감 속에서 자기 자신을 정립시키고 있다. 그들은 다른 사람들로부터 우정을 요구하지 않고 오히려 순종을 요구하였다. 고독하고 귀족적인 사상가의 삶의 형식을 실현하였다. 다시 말해서 그들이야말로 귀족 가문에서 태어난 자신들의 귀족적 혈통 의식을 다른 사람들보다 정신적으로 탁월하다는 그들 자신의 주장을 통해서 고양하였다. 그들의 본래적인 존재 확인에 의하여 주어진 자족은 다른 모든 것을 단지 그들만이 인식했던 진리를 통해서 지배해야 한다는 권리와 책임에의 요구를 함축하고 있었다.

그들은 지나친 자만심으로 다른 사람들을 바라본다. 헤라클레이토스는 많은 위대한 사람들에 대해서 예외 없이 격렬한 비난을 보내고 있다. 파르메니데스는 특별히 어떤 사람을 비난하고 있지 않지만, 헤라클레이토스(베르나이의 말이 정당하다면)와 아낙시만드로스(라이히의 말이 옳다면)에 대해서만은 극단적인 경멸을 나타내고 있는 것 같다. 그들의 작품에는 자기 폐쇄, 적의敵意, 격렬한 논쟁 등이 관통하고 있다. 그들에게는 전제적인 정신이 있다. 그들은 그들의 위대한 통찰에 있어 이와 같은 통찰 자체의 본질을 오해하였다.

그들의 이러한 태도가 일으키는 유혹은 그들이 우리 시대에 끼치는 영향의 한 계기가 되고 있다. 그들로 하여금 독창적인 해석에로 이끌어 갔던 소크라테스 이전 철학자들의 사유에 대한 니체의 모방은(실은 그의 정신질환을 토대로 하여 알려졌고 또한 그의 위대성을 결코 떨어뜨리지 않는) 무서운 자기의식에서 절정을 이루었다. 우리는 마치 독특한 역사적 현상을 보는 것과도 같이 그것을 외경과 연민으로서 볼 수 있다. 그러나 오늘날 그것을 모방한다는 것은 우스꽝스럽고 경멸할 만하며 사실은 불가능하다. 니체의 근원으로부터 일어난 유일한 본래적 비극은 그것을 모방할 경우 파멸만을 가져올 뿐이다.

6) 역사적인 평가

헤라클레이토스와 파르메니데스에 선행하는 철학적 사유는 우리에게는 역사적인 관심사이고 그것이 우리에게 느끼게 하는 감정상의 태도로 말미암아 감동적이기도 하지만, 그 내용으로서의 철학적 사유는 우리가 그것을 하나의 지식으로 여기는 한 단지 과거에 불과하다. 우리가 오늘날까지 직접적으로 철학함을 할 수 있는 최초의 원문을 준 사람은 헤라클레이토스와 파르메니데스이다. 그들은 단순성 가운데 무진장의 사상을 가지고 있다. 그들의 철학적 의미는 마치 무한한 과제와도 같이 우리의 마음을 끈다. 바로 여기에 위대한 철학만이 그러한 것처럼 현재적이면서 영원한 명제들이 있다.

그럼에도 불구하고 이 두 사람, 즉 현재 아직도 그들의 원전을 통해서 영향을 미치고 있는 가장 초기의 철학자들은 곧 우리를 오도할 수도 있다. 아낙시만드로스가 사물에 대한 인간의 사유 태도를 변화시킨 변혁을 야기하였고 일체의 가능성을 보편적인 공명정대성으로 검토한 데 반해서, 이 두 사람은 형이상학적인 사유를 전대미문의 교양과 배척 가운데서 포착하였다. 그러므로 그들은 새로운 편견, 즉 그 양식에 있어 웅장하지만 위험한 편견에 빠져 있었다. 왜냐하면 그들의 사변은 그들을 선행하는 철학자들, 예컨대 아낙시만드로스의 그것보다 한층 더 심오하고 명석하였기 때문이다. 그러나 그들은 지적인 중량과 창조적인 가능성을 통하여 시사하는 모든 사상에 대한 불가해한 경멸 가운데 나타났다. 그들은 이 모든 사상을 박식 또는 의사지식擬似知識이라고 비판하였다. 이것은 헛된 일이긴 하였으나 우리에겐 다행스러운 일이다. 왜냐하면 우리는 우리 시대의 현존재에 있어 사람들에게 부과된 과제들을 실현하는 도상에서 오만하게 정치와 학문을 밀어제치지 않고, 즉 세계에 대해서 우리들의 두 눈을 뜨고 오히려 헤라클레이토스와 파르메니데스가 가리킨 길을 실존적으로 따라갈 수 있기 때문이다.

노자

1) 생 애

노자의 생애에 관해서는 다음과 같이 전해지고 있다(기원전 100년경, 사마천 『사기史記』에 의함). 노자는 주周나라(오늘날 북부 지역의 하남성)에서 태어났다. 그는 한동안 주나라 왕실에서 장서를 관리하고 역사를 기록하는 벼슬살이를 했다. 그러나 은둔하여 이름 없이 일생을 보내는 것이 그의 본뜻이었다.

노자는 아주 늘그막에 고국인 주나라의 국정이 어지러워지자 서쪽으로 길을 떠났다. 함곡관에 이르러 태수의 청원에 응하여 5000여 단어로 이루어진 『도덕경』을 남기고 자취를 감추어 버리고 말았다. "그가 어디서 죽었는지는 아무도 아는 이가 없다." 그러나 장자가 말하기를 노자는 자기의 구술을 받아쓰던 자들에 둘러싸여 집에서 죽었을 것이라고 한다.

그의 생존 연대는 기원전 6세기라고도 하고(이것이 전통적인 견해이다. 왜냐하면 그래야만 전설로서 알려진 공자와 노자 간의 대화가 가능하기 때문이다) 또는 5세기(포르케Forke)라고도 하고 또는 그 후대인 4세기라고도 한다. 특별히 그의 생존 연대를 확실하게 입증해 줄 만한 자료는 하나도 없다. 전문적인 중국학자들은 중국에서 정신적으로 위대한 시대의 전승된 원전들 간의 문체 비교를 통하여 그의 생존 연대를 확정하고자 노력하고 있다. 그런데 이 문체 비교를 통하여 과연 그의 생존 연대 규정이 가능한가 하는 것은 문외한에게는 결정지을 수도 없고 또 있을 것 같지도 않다. 원전 이해에 있어서 생존 연대 규정은 중요하지 않다. 생존 연대 규정에 관한 토론은 전승되어 온 것이 불확실하다는 것을 입증해 줄 따름이다.

2) 도道

야스퍼스는 노자를 근원에서 존재에 대한 물음을 묻는 형이상학자라고 규정한다. 고대 동양의 철학자들 가운데 노자만큼 절실하게 존재에 대한 물음을 자기 자신의 고유한 철학함의 근본으로 삼은 철학자는 없다. 야스퍼스는 대체로 이러한 입장에 대해서 매우 긍정적이다. 그가 이해하고 있는 노자의 근원으로서의 존재는 도이다.

그에 의하면 노자는 그의 철학적 근본 사유에 있어 세 가지 물음을 제기하고 있다. 그것은 다음과 같다.

① 도란 무엇인가?

② 존재하는 모든 것이 어떻게 도로부터 존재하고 도를 향해서 존재하는가?

③ (개인으로서나 또는 국가통치 상태에 있어) 어떻게 하여 인간은 도 가운데 살며, 도를 상실할 수 있고 다시 획득할 수 있는가?

노자의 철학적 사유를 관통하는 이러한 근본적인 물음들은 야스퍼스의 서구식 분류에 따르면 형이상학, 천지발생설, 덕, 정치론 등으로 도식화될 수 있다. 노자의 철학 사상에서는 이러한 도식들이 일체를 관통하는 근본 사상 가운데 하나로 묶여 있다.

야스퍼스는 노자 사상의 이러한 특징을 잘 이해하고 있기 때문에 노자의 철학적 사유의 근본적 테마로서 이 네 가지 물음을 구별하고 차례로 다루어 나가면서 동시에 노자 사상의 생명적 구조를 천명하고자 시도한다.

야스퍼스는 도 앞에서 오성적 지식이나 긍정적 언표는 한계를 드러낸다고 말한다. 그는 도덕경의 첫 구절을 인용하여 이러한 입장을 시사한다.

도를 도라고 말하면 그것은 벌써 영원한 도가 아니다. 이름을 이름이라고 말하면 그것은 벌써 영원한 이름이 아니다. 이름이 없는 것이 천지의 처음이다. … 나는 그 이름을 알지 못한다. 굳이 글자로 표현해서 도라 부른다.

도에 대하여 말할 때에는 부정적인 언표로써 말할 수밖에 없다. 도의 존재를 긍정적으로 말하려 하는 것은 곧 그것을 유한하게 하는 일이다. 도는 어떤 규정성도 거부한다. 가령 도를 이름 짓고 포착하고 파악하며 그것을 사고하면서 구별하거나 또는 그것 가운데서 구별을 보려고 한다면 그것은 이미 소멸해 버리고 만다. 도의 근원적인 충만은 우리가 포착할 수 있는 모든 충실 이상의 것이며 그것의 무형태성은 그것에로의 접근 가능한 모든 형태 이상의 것이다.

야스퍼스는 도를 이해함에 있어 대상으로서의 존재자의 규정을 통해서 도에 대한 체험을 기도한다. 존재자에 대한 그의 규정에 의하면 대상이 되는 것은 유한하며 구별되어 규정된다는 것은 우리에게 존재자를 이룬다는 것이다. 예컨대 네모난 것은 그 모서리에 의해서, 그릇은 무엇을 담을 수 있는 공간에 의해서 그리고 형상은 그 형태에 의해서 존재한다.

따라서 존재가 형상과 형태인 한 도는 오성에 대해서 단순한 무에 불과하다. 야스퍼스는 이 점에서 도를 '존재초탈적存在超脫的인 근원seinsfreier Ursprung'이라고 해석한다. 이 근원은 절대적인 의미에서 무가 아니고, 그 이상의 것이란 의미에서, 즉 그것으로부터 존재자가 나오는 그러한 존재 이상의 것이란 의미에서 무이다.

모든 존재의 근원과 목표로서 그 자신이 본래적인 존재이며 동시에 초존재超存在, Übersein인 이 무는 부정적인 언표로써 말해진 후에 곧 다음과 같이 긍정적인 듯한 언표로써 서술된다.

> 도는 독립적이며 변함이 없다. 도는 늙지 않는다. 도는 자연을 본
> 받는다. 도는 단순하고 소박하고 고요하며 그 안정에 있어 불가
> 해할 정도로 안전하다.

야스퍼스는 이 도의 개념이 최초에 노자 자신의 독창적인 사유
에서 유래하는 것이 아니고 전승으로부터 이어받은 것이라고 말
한다. 그가 수용하고 있는 관점에 의하면 도라는 말의 근원적인
뜻은 길Weg이었고, 그다음에는 우주질서였으며, 우주질서는 동
시에 인간의 올바른 행위였다는 것이다. 도는 중국적 보편주의
의 한 태고적 근본 개념이었다. 말하자면 도는 이성, 로고스, 신,
의미, 정도正道 등으로서 이해되고 있었다. 그러나 노자는 이러한
도라는 말에 새로운 의미, 즉 존재의 근거라는 뜻을 부여했다. 그
는 도라는 말로써 일체의 존재자, 우주 전체, 세계질서로서의 도
까지도 초월했다.

그러므로 도는 천지보다 앞서 존재하며 모든 구별에 앞서 있
다. 도가 그 자체에 있어 사유된 경우에 그것은 타자에게 대립될
수 없고 자기 자신 안에 있어 구별될 수 없다. 야스퍼스는 이 도

를 결국 일체를 에워싸는 포괄자로서 이해하며 동시에 그것을 현상의 법칙으로서 사유한다. 다음과 같은 말들은 그의 이러한 입장을 잘 반영하여 주고 있다.

도에 있어 존재와 당위는 동일하다. 세계 내에서 대립되어 있고 분리되어 있는 것은 세계 이전에 있어서는 하나이다. 그것을 좇아 만물이 일어나는 법칙과 그것을 좇아 만물이 일어나야만 하는 법칙은 동일하다. 이미 영원히 존재하는 질서와 도덕적으로 참된 행위를 통해서 이루어지는 질서는 동일하다. 그러나 대립적인 것을 포괄하는 일자는 곧 세계 내의 어떤 특수한 존재일 수도 없으며 또 세계 전체일 수도 없다. 일자는 언제나 세계의 근원이고 목표이다. 세계가 된다는 것은 분리된다는 것, 구별된다는 것, 분열된다는 것, 대립된다는 것 등을 의미한다.

야스퍼스의 해석에 의하면 도는 무규정적 무대상적이며 세계가 아님으로써 공허한 것이다. 도는 그 비어 있음에 있어 세계의 모든 단순한 현실보다 더욱 완전한 가능성을 지녔고, 비유에 있어 존재 이상이며, 구별할 수 없는 근거에 있어 대상적으로 구별될 수 있고, 규정할 수 있는 모든 존재자보다 더욱 위대하다. 야스퍼스에 의하면 도는 곧 포괄자이다.

3) 도와 세계

도는 천지보다 먼저 생겼고 중국의 최고신인 상제上帝보다도 먼저 있었다. 그러나 도는 접근할 수 없는 하나의 완전한 타자가 아니고, 현재해 있다. 지각할 수는 없으나, 그것은 모든 존재자에 있어 본래적 존재로서 경험될 수 있다. 모든 것 가운데 현재해 있는 것으로서의 도는 모든 존재자의 근원이다. 이러한 근원으로 말미암아 모든 존재자는 자기의 존재를 가진다.

야스퍼스는 도가 세계 내에서 현재하는 표적表跡을 다음과 같이 요약하고 있다.

세계 내에 있어 도의 현재의 근본 특징은 일체를 관통하는 무유無有, das Nichtsein이고, 일체를 성취시키는 눈에 띄지 않는 무위無爲, Nichthandeln이고, 일체를 생산시키는 힘이고, 선악의 피안에서 생멸하는 만물을 근본적으로 확립하고 유지함이다.

야스퍼스의 해석을 풀어서 기술하면 다음과 같다.

① 도는 무유로서 현재한다.

② 도는 활동하지 않는 것처럼 활동한다.

③ 도는 모든 일적 존재Einssein에 있어 '一'의 근원으로서 존재한다.

④ 도는 모든 현존재의 존재를 가능케 한다.

⑤ 도는 선악을 초월해 있으면서 무한히 자비롭다.

야스퍼스는 제1항에 속하는 조각글로서 다음과 같은 구절들을 『도덕경』에서 추출한다.

대도大道는 널리 퍼져 있다. … 무유는 무간無間을 뚫고 들어간다.

도는 세계 내에서는 반드시 무無, 불不, 부否, 반反의 형식을 통해서 자기 자신의 현재성을 드러낸다. 예컨대 그릇이 무 또는 공, 즉 텅 비어 있음에 의해서 능히 그릇 구실을 하며, 방이 그 창과 문의 텅 비어 있음에 의하여 능히 방 구실을 하는 것과 같다.

도의 무는 이처럼 존재자를 진실로 존재하게 하는 그러한 '무유'이다. 그것은 지극히 크고 지극히 견고한 물체까지 뚫고 들어가는 것과 비교된다. 이와 같이 도는 무니, 부재니, 부정이니, 반대니, 역행이니 하는 것 등을 통해서 존재자로부터의 저항을 불가능케 한다. 이 때문에 그것은 어디에서나 현재하면서 동시에 어디에서나 존재하지 않는다. 도가 세계 내에서 드러나고 현재하는 현존 양식이 이러한 현재성을 가지는 한 도에의 이해는 역설에 의거하지 않을 수 없다는 것이 야스퍼스의 생각이다.

그는 위의 제2항과의 관련을 가지는 조각글로서 다음의 은유를 인용하고 있다.

도는 항상 함이 없으면서 하지 않음이 없다. … 도의 용用은 약하다. … 도를 존숭함은 누구의 명령도 아니고 항상 자발적이다. … 하늘의 도는 다투지 않고도 잘 이기고 말하지 않고서도 잘 응하고 부르지 않아도 스스로 온다. … 생산하되 소유하지 않으며, 행하고도 자랑하지 않으며, 기르고도 지배하지 않는다. … 공을 이루고도 그 명예를 가지지 않으며 만물을 양육하되 그를 주재主宰하지 않는다. … 날카로움을 무디게 하고 헝클어짐을 풀고 빛을 부드럽게 하여 티끌과 하나 되게 한다.

도가 세계 내에서 행하는 활동은 존재자의 운동과는 전혀 다르다. 그것의 특징은 이른바 "함이 없으면서 하지 않음이 없다無爲

而無不爲"이다. 그것은 마치 무력한 것 같이 눈에 띄지 않게 작용한다. 도는 일체를 창출함으로써 무한히 작용하나 그것은 아무것도 함이 없는 그의 고요한 은밀 가운데서 작용한다. 도는 비록 무상無上의 힘을 가지고 모든 존재자를 창출하지만, 그것은 모든 존재자가 마치 도에 의해서 있지 아니하고 자기 자신으로부터 존재하는 것처럼 모든 존재자를 자유롭게 한다.

야스퍼스의 이러한 해석은 도의 운동성을 고려할 때 도란 일종의 로고스의 성격을 가지고 있음을 암시하고 있다. 법칙으로서의 로고스는 만물의 배후에 숨기를 좋아하며 그것의 현존 양식은 은폐라고 말하는 헤라클레이토스의 로고스 사상과 상통하는 바가 있다. 따라서 로고스는 결코 존재자로서는 나타나지 않고 그것의 변화의 법칙으로서 숨어 있으면서 변화를 일으킨다. 이점에서 본다면 도는 곧 일체의 변화에 있어 존재자가 근거하는 소이연임에 틀림없다.

도의 작용성의 현재함이란 야스퍼스의 해석에 따르면 만물 앞에서 스스로 자취를 감춤으로써 만물을 강제하지 않지만, 일체가 도를 존숭함으로써 작용의 경향을 나타낼 때의 '하지 않음의 함無爲之爲'이다. 마치 아리스토텔레스의 '부동不動의 동자動者'로서의 순수형상이 은밀한 운동성과도 같은 것처럼 야스퍼스는 우리에게 그것을 감지시켜 준다.

　야스퍼스는 또한 위의 제3항에 속하는 조각글로서 다음의 잠언을 인용한다.

　태초에 '一'(도道)을 얻은 자로서 천天은 '一'을 얻음으로써 청명하고 지地는 '一'을 얻음으로써 평안하고 신은 '一'을 얻음으로써 신령스럽고 곡谷은 '一'을 얻음으로써 가득차고 만물은 '一'을 얻음으로써 생生하고 왕후는 '一'을 얻음으로써 천하의 모범이 될 수 있다.

　야스퍼스는 이 잠언을 통해서 도를 통일적 존재로서 이해하고 있으며 그는 이 통일자를 굳이 일적 존재라고 일컫고 있다. 이 일적 존재란 그의 견해에 의하면 하나의 존재, 즉 일체의 대립을 통일시키는 통일자이면서 동시에 일체의 것이 그것에로 귀일되고 또한 그것에 의하여 존재하게 되는 근원적 존재이다.

　도를 뜻하는 '一'이라는 것은 도의 창조 형식으로서 수적인 '一'이 아니고 본질적인 통일성이다. 이 경우 세계 내에서의 도의 현존 양식은 대립과 모순을 통일시키는 통일자의 양태를 드러낸다.

　야스퍼스는 위의 제4항과 관련을 가지는 잠언으로서 다음의 구절을 인용한다.

깊고 고요하여 만물의 근원인 듯하다. … 가히 천하의 모母가 될
수 있다. … 덕은 기르고 키우고 이룬다. … 만물이 도에 힘입어
생겨나되 사양하지 않는다. … 그 정精은 심히 참되어서 그 가운
데 신信이 있다.

이 조각글에서도 도는 현상적 존재의 근원으로서 자기 자신을
드러내지 않고 만물의 생성소멸의 법칙으로서 세계 내에 은폐되
어 현존한다.

야스퍼스는 위의 제5항을 함축하고 있는 잠언으로서 다음의
조각글을 사유한다.

도는 만물의 근본이니 선인善人의 보배요 불선인의 보호자이다.
… 하늘과 땅 사이는 마치 풀무와 같아서 그 속이 텅 비어 있어
바람을 내되 다함이 없고 움직일수록 더욱 바람을 낸다. 천지는
불인不仁하여 만물을 풀강아지(짚으로 만든 일종의 허수아비, 제사를
지낼 때 사용하는 제물이다)로 삼는다. … 천도天道는 특별히 친한
이가 없이 언제나 선인의 편이 된다. … 하늘의 도는 만물을 이롭

게 할 뿐 해치지 않는다.

도는 일체의 존재자의 공동적인 길이고 보편적인 길이며 또한 만상萬像의 변화의 법칙성으로서 현존한다. 도는 특히 인간의 경우엔 당연히 걸어야 할 당위의 길이며 인간 심성의 근본으로서의 양식 또는 이성으로서 현존한다. 그것은 인성론적으로 말한다면 인仁, 충실, 신뢰성 등으로 해석된다.

도의 현존의 근본 표징은 세계 내에서 그것이 로고스로서 정중동靜中動의 은밀한 작용으로써 그 현재성을 드러내고 인간의 내면에서는 이성으로서, 즉 인간 행위의 무상명법無上命法으로서 현존한다.

4) 세계의 생성과 세계 내에서의 개별자의 과정

노자는 세계 내에서의 도의 직관을 넘어서 근원적 과정 속으로, 즉 세계의 생성 속으로, 세계가 도에서 생성되었다는 사실의 수수께끼 속으로 사유해 들어가고자 한다. 야스퍼스는 이 문제에 대해서 매우 비판적인 태도를 취한다. 말하자면 노자는 이러한 사유를 구성적으로 전개한 것이 아니고 암시하였을 뿐이라는 것이다. 야스퍼스가 이 문제를 놓고 노자에 대하여 비판하고 있는 점은 다음과 같다.

① 노자는 왜 세계가 존재하는가 하는 물음을 묻지 않았다.
② 노자는 어떻게 해서 어긋남이 일어났는가도 묻지 않았다.
③ 노자는 획기적이며 건설적인 또는 파국적인 사건들이 계기
하는 어떠한 시간적 세계 과정도 모르고 있다.
④ 우리는 노자로부터 존재의 근본 본질로서 하나의 무시간적
인 영원한 현재를 추측할 수 있을 뿐이다.
⑤ 노자의 사유에서 추측할 수 있는 세계 과정에 관한 암시는
아마도 하나의 영원한 생기로서 이해될 수 있을 따름이다.

야스퍼스는 이러한 비판적인 관점을 근거로 하여 도에서 세계
가 생성되는 과정을 분석하고 있다. 그의 입장에 의하면 도 가
운데는 우선 이름 지을 수 없는 도, 즉 무유와 이름 지을 수 있는
도, 즉 유가 있다.

이름 지을 수 없는 도, 즉 무명無名은 천지의 시초요 이름 지을
수 있는 도, 즉 유명有名은 만물의 어머니이다. 그것을 도식화하면
다음과 같다.

이름 지을 수 없는 도 → 무유 → 무명 → 천지의 처음.

이름 지을 수 있는 도 → 유 → 유명 → 만물의 어머니.

세계 생성의 과정이 여기에 시사되고 있다. 유명의 도로부터 만물이 생하면 곧 이름 지을 수 없는 것이 끊임없이 생하게 된다.

도가 창작하고 정돈하기 시작하자 곧 그것은 명을 가지게 된다.

이미 명이 있게 되면 장차 그칠 바를 알게 되리라.

이름 지을 수 없는 도와 이름 지을 수 있는 도, 즉 무유와 유의 양자는 같은 것에서 나왔으되 이름을 달리한 것이다.

사상은 유명적인 것을 통해서 무명적인 것을 바라봄으로써 현묘玄妙한 것을 관통한다. 이러한 분석을 도식화하면 다음과 같다.

무無 → 유有 → 만물萬物 (생성의 길)

도道

현묘玄妙 ← 무無 ← 유有 ← 만물萬物 (환귀의 길)

그에 의하면 세계 생성의 과정은 어떤 곳에서는 다음과 같이 착상되고 있다.

　도는 '一'을 낳고, '一'은 '二'를 낳고, '二'는 '三'을 낳고, '三'은 만물
을 낳는다. 만물은 음을 업고 양을 안아 충기冲氣로써 화和를 이
룬다.

　이러한 세계 생성의 과정 가운데 개체적 사물의 생성 과정이
일어난다.

　세계존재의 불안정성에서 만물의 운동은 이중적인 의미를 가
지고 있다. 말하자면 그것은 무로부터 나와서 무에게로 돌아가
는 그러한 허무성의 면 또는 만물이 그 근원에로 돌아가는 복귀
의 면을 가지고 있다. 야스퍼스는 이러한 세계 과정에 관한 해석
의 타당성을 다음의 조각글에서 찾고 있다.

　만물이 더불어 자라나는데 나는 그 돌아감을 본다. 만물은 무성
하게 자라되 제각기 그 근본으로 돌아간다. 근본으로 돌아가는
것을 보고 고요함이라고 하고, 이를 제명으로 돌아감이라고 하
고, 제명으로 돌아감을 일러 그러함(常)이라고 한다.

5) 도와 개인(처신)

야스퍼스는 노자에 있어 참된 삶이란 도를 좇는 삶이며, 그럼으로써 본래적인 삶은 도와의 일치라고 말한다. 인간은 도와 하나 됨으로써만 올바른 길을 갈 수 있다. 그러므로 도의 근본성격은 다시금 참다운 인간의 근본성격으로 나타난다. 그것은 곧 무위이위無爲而爲(하지 않음 가운데 함), 무유이유無有而有(있지 않음 가운데 있음) 그리고 유柔함으로써 강强함 등을 말한다.

그러나 이것은 자연생기처럼 필연적으로 일어나는 것은 아니다. 인간은 오히려 도로부터 이반離反될 수 있으며 또 인간은 대체로 이미 이반해 있다. 그러면서 다시금 도와 일치할 수도 있다.

야스퍼스는 도와의 일치란 마치 실존이 현존재를 초탈할 경우에 획득되는 것과도 같이 일상적 자기에 대한 부정을 통해서만 가능해진다고 말한다. 예컨대 자기의욕으로서 행위의 의도성, 행위에서의 자기관찰, 고의적 목적적인 영위로부터 초탈은 곧 도와의 일치를 뜻한다. 야스퍼스는 이러한 해석의 근거를 다음과 같은 조각글에서 찾고 있다.

상덕上德은 덕이기를 원하지 않는다. 그러므로 그것은 덕을 보유하며, 하덕下德은 덕을 잃지 않으려고 한다. 그러므로 하덕은 덕을 지닐 수 없다.

이 잠언의 참뜻은 목적적인 의욕의 내용이 본래적인 한 나는 내가 목적으로 삼는 것을 상실하게 되며 내가 목적으로 삼을 수 있는 것은 덧없이 유한한 사물이고 영원한 존재가 아니라는 데 있다.

본질적인 것을 의욕함에 있어 의도성이 바로 이 본질적인 것을 파괴하듯이 자기반성이 자기의 본질을 관찰해서 알고자 하며 앎에 있어 자기의 본질을 소유하고자 하며, 하나의 소유물처럼 그것에 기쁨을 느끼고자 할 경우에 그것은 자기 자신의 본질을 파괴한다.

스스로 드러내고자 하는 자는 드러나지 않고 스스로 옳다고 하는 자는 두드러지지 않으며 스스로 뽐내는 자는 공이 없으며 스스로 자만하는 자는 으뜸이 될 수 없다.

야스퍼스의 입장에 따르면 의도성, 자기반성, 자기의욕은 합하여 하나를 이룬다. 이러한 것들에 있어 도는 내버려지고 있다는 것이다. 이러한 것들에서는 도의 깊이에서 우러나온 산 행위가 손상을 입는다. 본래적 삶의 실재가 절멸되어 있다.

그러면 야스퍼스가 새기고 있는 의도성이란 무엇일까? 야스퍼스는 의도성이란 대립자를 포괄적으로 보지 않고 사물을 양자택일의 관점에서 보며, 이 양자 가운데 한 측면을 언제나 바른 것으로서 고정시킨다. 대립성은 세계 내에서의 도의 현상의 근본 형식이며 도에 근거하는 삶은 대립자를 자기 자신 속에 포섭하지만, 반면에 대립이 의도성으로 인해서 그 한쪽을 위하여 지양되거나 또는 일반적으로 회피됨으로써 이반이 생긴다.

의도성이란 그것이 어떤 것을 목적으로 삼음으로써 구별 활동을 하지 않으면 안 된다. 그러므로 의도성은 서로 결부되어 있는 대립자를 분열시키고 측면들을 고립시킨다. 의도성 가운데 등장함으로써 나는 이미 하나를 다른 것 속에서 보고 행하곤 하는 것이 아니라 이것이냐 저것이냐를 보고 행하며, 그리하여 이리저리 동요하면서 이때에는 이것을, 다른 때에는 다른 것을 보고 행한다. 나는 전경 속에서 다만 그때그때 하나를 잡을 뿐이고 그 하나 가운데 그리고 그와 함께 그의 타자를 잡지 않는 까닭에 또는 내가 나 자신을 내맡겨 현실 자체에 대하여 마음을 활짝 열고 포괄적으로 되는 대신 이 현실 자체를 일정한 현존재, 지식 내용, 형식 가운데 간직하는 까닭에 나는 도를 잃어버렸다.

야스퍼스는 내면 속에 도를 체현하고 있을 때 인간의 행위는 무위로서 나타난다는 노자의 입장에 특별히 역점을 두고 도의 체득으로서의 무위를 매우 중시한다. 이 무위 또는 행함이 없음의 근원, 즉 일체를 실현하는 무의도성의 근원을 이해하는 것은 곧 노자의 도덕의 핵심을 파악하는 것을 뜻한다.

무위는 근원 자체의 자발성이다. 이 무위는 결코 아무것도 하지 않음이 아니다. 즉 무위는 결코 단순한 수동성, 영혼의 우둔, 충동의 불구성도 아니다. 무위는 인간의 본래적 행위이며, 이 행위는 인간에 의해서 마치 그가 행하지 아니한 것처럼 그렇게 행해진다. 무위는 작품에 무게를 두지 않는 그런 작위作為이다. 이 능동성은 모든 행위를 자기 자신 속에 내포하고 포괄하고 자발적인 행위를 촉진시키며, 행위의 의미를 부여해 주는 그런 무행위無行為이다.

야스퍼스는 이러한 해석을 뒷받침해 주는 근거로서 노자의 조각글을 인용하고 있다.

도는 항상 함이 없으면서 하지 않음이 없다. … 성인은 함이 없으면서 하지 않음이 없다.

야스퍼스는 무위를 해석함에 있어 그것을 나타내 주는 말로서 무의도성을 의도성과 비교하여 다음과 같이 천명한다.

① 무의도성이 근원에서 생겨난 능동성의 본질이라면 의도성은 개별화시키고 유한하게 하는 목적적인 사유에서 생겨난 능동성의 본질이다.

② 무의도성은 무욕의 상태에서 생기며 그러면서 목적적인 의지를 조종한다.

③ 무의도성은 도에서 작위하여 존재를 성취하고 의도성은 유한성에서 파괴적으로 작위하여 무를 성취한다.

무의도성은 악에 대한 무저항이란 말과도 거리가 멀다. 왜냐하면 노자에 있어서는 도 가운데 근거를 두고 있고 도와 합일되어 있는 삶의 능동성이 중요한 데 반하여 악에 대한 무저항에서는 인내와 희생이 중요하기 때문이다. 노자의 무행위는 깊음(玄)에서 나온 산 작위인 데 반하여 '악에 대한 무저항으로서'의 무행위는 하나의 투쟁 수단이 되며 저항의 포기를 통하여 무엇을 달성하고자 하는 의욕이 된다. (이 무행위는 원수를 은혜로써 참패시키려고 하는 행위이다.)

자기의 선한 행동에 대한 증거를 수집하는 것과 희생을 참는 것, 이 양자는 최고도로 의도적이다. 야스퍼스는 노자의 이러한 행위의 진리에 대하여 다음과 같이 말한다.

그 소박성에 있어 수수께끼인 본래적 무의도성은 철학함에 있어 아마도 노자에 의해서와 같이 그처럼 결정적으로 모든 행위의 진리의 기초로 삼아지지는 아니했을 것이다.

이러한 본래적 무의도성은 그 본질에 있어 규정적으로 파악될 수 없으며 또한 교시敎示로서 주어질 수도 없다. 다만 간접적으로 그것을 지시할 수 있을 뿐이다.

6) 무위에서 전개되는 도와 하나 됨의 표적들

야스퍼스는 무위에서 이루어지는 도와의 하나 됨을 나타내는 표적들을 다음과 같은 조각글에서 찾고 있다.

부드럽고 약한 것이 강강剛强한 것을 이긴다. … 천하의 지유至柔가 천하의 지견至堅을 부린다. … 사람이 살았을 때는 부드럽고 약하나 죽으면 굳고 단단하게 되며 초목도 살아서는 부드럽고

연하나 죽으면 바싹 말라 버린다. 그러므로 견강堅強은 죽음의 무리요 유약한 것은 삶의 무리다. … 암컷은 항상 고요함으로써 수컷을 이긴다. 고요함으로써 하下가 된다. … 천하에 물보다 더 부드러운 것이 없건마는 견강한 것을 치는 데는 이 물보다 더 나은 것이 없다. … 강과 바다가 모든 골짜기의 왕이 되는 것은 그것이 낮은 곳에 있기를 잘하기 때문이다. … 도가 천하에 있음은 마치 골짜기의 냇물이 강과 바다로 모여드는 것과 같은 것이기 때문이다.

이처럼 인간에 있어 무위지위가 행위의 근본이 될 때 인간은 실존으로서 성인의 경지에 이른다. 무위에서 전개되는 도와의 하나 됨이 인간 자신에게 주는 의미란 위의 조각글에서 본 바와 같이 인간의 자기 고양화로서의 실존, 즉 성인의 획득을 시사한다. 야스퍼스에 의하면 성인은 인간의 존재 전형이며 동시에 일종의 현실적 실존을 의미한다. 노자의 다음과 같은 말은 이것을 잘 반영하여 주고 있다.

성인은 생산하고도 소유하지 않고 자기가 하고서도 자랑하지 않는다. … 기르고도 주재하지 않는다. … 성인은 자기를 위대하다고 하지 않음으로써 능히 그 위대함을 이룬다. 성인은 공을 이루고도 거기에 거ﷺ하지 않는다.

야스퍼스가 이해하기로, 성인은 욕구하고, 자기 본위적이고, 자기를 나타내고, 소유와 행세를 요구하는 자기를 극복함으로써 비로소 나타나는 그런 자기이다.

본래적 자기로서, 즉 현실적 실존으로서의 성인은 도와 더불어 삶을 산다. 도와 더불어 산다는 것은 동시에 도를 인식한다는 것을 의미한다. 도를 인식한다는 것은 곧 도 속에서 산다는 것을 의미한다. 그러므로 도 속에서 삶을 사는 사람은 바로 성인의 경지에 이른다.

야스퍼스의 해석에 따르면 도의 인식은 무엇에 관한 지식과는 다르다. 가령 도의 인식을 보통의 지식과 비교하여 보면 도의 인식은 아무것도 아닌 것과도 같다. 노자의 다음과 같은 조각글은 이것을 암시하고 있다.

학문을 하면 날로 지식이 증대하고 도에 힘쓰면 지식은 날로 줄어든다. … 드디어 무위의 경지에 이른다. … 명백히 깨달아 사방에 통달함에 함으로써 하지 않을 수가 있는가! … 도를 아는 자는 박식하지 못하고 박식한 자는 알지 못한다.

야스퍼스의 해석에 의하면 이러한 말들은 도의 깊음이란 다만 인간의 깊음에 대해서만 열린다는 것을 뜻한다. 도는 인간의 피상적인 사유와 인간의 전도, 인간의 욕구와 자기의욕, 인간의 자만과 요구에 대해서는 닫혀 있다.

근원과 하나가 될 수 있는 인식의 가능성은 인간의 깊음 가운데 깃들어 있다. 그러므로 본래적인 자기인식은 오직 도의 인식과 더불어서만 가능하다.

야스퍼스에 의하면 노자는 인간 세상이란 도로부터 이반 상태에 놓여 있다고 보았다. 실로 노자는 대부분의 사람들과 세태는 도로부터 멀리 떨어져 있다고 보았다.

도로부터의 이반은 인간의 행위에 의하여 일어난다. 그것은 의도성과 자기반성과 자기의욕의 결과로서 나타난다.

이 의도성의 능력과 무력에 대하여 장자는 노자로 하여금 공자와의 대화 가운데서 다음과 같이 말하게 한다.

사람들이 도를 얻는다면 그것은 저절로 일어나는 것이 아니며 또 사람들은 자신의 힘으로 그렇게 할 수도 없다. 도를 상실하는 것도 저절로 일어나는 것이 아니다. 그러나 사람들은 자신의 힘으로 도를 상실할 수 있다.

이 말에 대한 야스퍼스의 풀이에 따르면 인간은 자기의 의도적인 의욕의 힘으로 도를 얻을 수는 있지만, 도는 저절로 얻어지는 것이 아니라는 것, 즉 도가 나의 내면 가운데서 그리고 나의 밖에서 그렇게 작용한다는 것이다. 도의 상실도 저절로 일어나는 것이 아니고, 인간 자신의 행위의 소치라는 것, 즉 인간에 있어 의도성과 자기의욕이 지배함으로써 일어난다는 것이다. 그러나 이러한 의도성은 어디에서 오는 것일까? 야스퍼스에 의하면 노자는 그것을 천착穿鑿하지 아니했다. 다시 말해서 노자는 도가 세계 및 인간과 근원적으로 하나일 수 없었는지 그리고 어떠한 이반도 일어나지 않아도 무방하지 않았는지 하는 문제를 묻지 아니했다는 것이다. 노자는 도의 이반을 주어진 사실로 보았을 뿐이다.

7) 특성 묘사와 비판

야스퍼스는 노자의 조각글에서 노자의 철학함의 의도를 추출하고 있다.

진실로 아는 자는 말하지 않으며 말하는 자는 진실로 알지 못한
다. … 성인은 말이 없음의 가르침을 행한다.

야스퍼스는 노자가 이 말 가운데서 말하여질 수 있는 것을 통
하여 가장 깊은 인식을 전달하고자 하는 기도를 포기하였음을
알 수 있다고 주장한다. 사실상 언표의 모든 명제를 빗나가게 한
다. 그것을 그대로 받아들이는 자는 대상에 집착하게 된다. 그는
진리를 인지하기 위해 명제와 대상을 초월하지 않으면 안 된다.
바꾸어 말해서 말할 수 없는 것에 다다르지 않으면 안 된다.

그러면 왜 노자는 책을 썼는가? 그는 그 이유를 설명하지 않고
있다. 이 점에 대해서 야스퍼스는 자기 나름대로 그 이유를 유추
해석한다. 그는 다음과 같이 유추한다.

노자가 집필하게 된 이유는 기록된 잠언들이 그것들을 초월하고
길잡이로 하여 성찰함으로써 말할 수 없는 것에까지 다다르도록
우리를 이끌어 주어야 하는 데 있다.

사상은 전달을 통해서만 사람에게서 사람에게로 이르게 된다.
완전한 침묵은 전혀 들을 수 없는 침묵이면서 동시에 사실상 무

와도 같은 것이다. 우리는 말하고 듣곤 한다. 자기 자신을 전달하는 통찰은 자기이해에 있어서나 타자 측에서의 이해에 있어서나 마찬가지로 도리에 합당하고, 명명하고, 규정하고, 구별하고, 관계시키곤 하는 사유 가운데 들어오지 않으면 안 된다. 철학적이며 말로 표현할 수 없는 통찰은 말을 함으로써 자기 자신과의 모순당착에 빠지게 된다. 노자는 사실 이러한 모순 의식 속에서 고뇌하고 있었음에 틀림없다. 그러나 노자는 인간에게 말할 수 없는 통찰은 다시금 다만 말함(사유하는 자의 자기 자신과의 말함)을 통해서만 일반적으로 이해될 수 있다고 사유한다.

노자가 생각하고 있는 철학적인 말함은 뭇 대상들에 대한 지식으로서 오성에 호소하는 것도 아니고 뭇 목적들을 지향하고서 계획에 따라 행동하는 그러한 의지에 호소하는 것도 아니다. 노자는 오히려 오성과 목적에 의해 엄폐되어 있는 근원에 호소한다. 그러므로 노자는 의지의 힘에 의한 자기 강제를 꾀하는 것이 아니고, 우리의 충동 자체의 보다 깊은 음미를 꾀한다.

근원에 호소하고 근원을 사유하는 노자의 사유에는 몇 가지 특징들이 있다. 야스퍼스는 이러한 특징들을 다음과 같이 지적하고 있다.

① 사유는 사뭇 진행되지 않으면 안 된다.

② 도를 서술하고자 하는 사상은 대립, 모순, 역설에 빠진다.

③ 도와 도를 통해서 존재하는 것은 다만 논리적 순환에서만 사유될 수 있다.

노자의 사유의 특징으로서 우리가 그로부터 사유를 사뭇 진행할 것을 재촉받는 이유는 다음과 같다. 모든 말해진 사상은 역시 오류를 면할 수 없으며 말을 아무리 고쳐 하더라도 역시 부적합함을 면할 수 없다는 이유이다. 노자의 다음과 같은 조각글은 이점을 잘 감지하게 해 준다.

억지로 이름을 붙인다면 대大라고 하고, 대를 서逝라고 하고, 서를 원遠이라고 하고, 원을 반反이라고 한다.

노자는 말할 수 없는 것을 반사反射에 있어 말할 수 있게 하기 위하여 다양한 대립자들, 즉 유와 비유, 지와 무지, 위爲와 무위 등을 이용한다. 노자의 다음과 같은 말을 보면 이것을 잘 인지할 수 있다.

유무有無가 서로 생하고, 난이難易가 서로 이루어시며 장단長短이 서로 모양을 만들고, 고하高下가 서로 어긋나고, 음성이 서로 어울리고, 전후가 서로 따른다. … 무거움은 가벼움의 근거요 조용함은 소란함의 근거이다.

이 조각글에서 서로 반대되는 것들은 다양한 방식으로 결부되어 있다. 그 대립자들은 서로 생산하며, 서로 보충하고, 서로 개명하며, 서로 소원하고, 서로 접합하며 서로 따른다. 이러한 사유 형식은 야스퍼스에 의하면 스스로 성찰하면서 잠언들 가운데로 침참하지 않는 성급한 독자들에게는 권태를 불러일으키는 타성을 느끼게 한다.

이러한 유희에 있어 대립자는 서로 상대방 속에 숨고, 마치 아무 것도 남지 않는 것처럼, 서로 말살시키고 상호 전환한다.

바른 말은 바른 세속과는 반대되는 말과도 같다.

사람들은 실제에 있어 그들 자신의 방법적으로 아직 의식되지 아니한 변증법적 사유 형식, 즉 대립자의 상호 전환, 타자와의 대립에 있어 하나를 나타내는 것, 대립자의 통일의 역설을 발견한다. 이러한 사유 형식은 노자에게 있어 근원적인 깊음에서 성찰을 재촉하는 말의 형식이다.

노자의 사유 형식에 있어 도는 하나의 타자로부터 면역될 수도 없고 타자와의 관계를 통하여 생각될 수도 없다. 도는 타자와의 관계 가운데 있는 것이 아니기 때문에 무를 근거로 하는 도의 존재는 그것이 다만 자기 자신에 의해서만 존재한다고 함으로써 말해질 수 있다. 또한 도에 대한 부지不知의 인식은 도가 자기 자신에 의해서 인식된다고 함으로써, 그리고 그의 무위지위는 그것이 자기 자신을 규정한다고 함으로써 말하여질 수 있다.

논리적 순환은 타자로부터의 연역을 가리키는 말이 아니라 도의 자기순환을 가리키는 말이다. 그러므로 도는 자연을 본받는다. 노자에 있어 사유의 진행을 재촉하는 것, 대립성, 역설 및 순환 등의 사유 형식은 근원의 확인에 보다 가까이 다가가기 위한 수단이다. 그러므로 노자의 사유는 우리가 그 사상을 순차적으로 서술하기 위해 사용하지 않을 수 없는 형이상학, 윤리학, 정치학의 구별을 알지 못한다. 노자는 이러한 것들을 몇 마디 말로써 한데 움켜쥐어 서술하곤 한다. 그러므로 그는 그때그때 전체적으로 사유한다. 다시 말해서 정치적 사유에 있어, 논리적 사유에 있어, 형이상학적 사유에 있어 항상 전체적으로 사유한다. 노자는 우리에게 형이상학, 윤리학, 정치학으로 나뉘어 나타나는 것 가운데 그때마다의 이 특수한 것을 그 근저에서 보며, 따라서 항상 같은 것을 본다.

도 가운데 결합되어 있을 때에는 아무것도 분리되어 있는 것이 없다. 도로부터 버림을 받을 때 하나는 타자로부터 분리되고, 그릇되게도 자기 자신을 전체로 삼으며 대립성, 의도성, 그리고 도덕성 가운데 자기 자신을 절대화시킨다.

야스퍼스에 의하면 노자는 완전한 것 또는 영원성에서 말한다. 야스퍼스는 그가 포괄자로부터 나와서 포괄자에게 말한다고 결론짓는다.

8) 노자의 역사적 지위와 한계

야스퍼스는 노자의 철학적 업적을 그의 신화적 직관의 심화, 즉 철학 사상을 통한 신화적 직관을 넘어섬에서 찾고 있다. 그는 노자의 철학 사상이 이처럼 깊은 의미를 가졌음에도 불구하고 후대에 이르러 노자의 말이 왜곡되면서 미신과 잡술로 변질되었다고 지적하고 있다. 그러나 야스퍼스는 주저하지 않고 노자는 본래적인 철학에로 눈을 뜨게 해 주는 각성적인 철인이기도 했다고 주장한다. 세계사적으로 볼 때 노자의 위대함은 중국정신과 결부되어 있다. 따라서 야스퍼스에 의하면 노자의 한계는 중국정신의 한계이기도 하다.

노자는 불교의 윤회의 위협도, 거기에서 해탈하고자 하는 충동도 알지 못한다. 그는 또한 그리스도교의 십자가, 불가피적인 죄의 불안, 인간이 된 신을 대신하여 순교하고 얻은 구원의 은총에 대한 신뢰도 알지 못한다. 야스퍼스가 이해하는 노자는 인류의 모든 위대한 철학자와 마찬가지로 포괄자에서 생각하고 어떤 알려진 것 가운데 자기를 얽매는 일이 없다. 가장 넓게 확장된 그의 사유는 아무것도 빠뜨리지 않는다.

노자 자신은 신비가로서, 도덕적 실천가로서 그리고 정치가로서 포섭될 수 없다. 그의 깊은 도의 안정은 모든 유한성의 초극을 통해서 얻어졌다. 그러나 이 유한성 자체는 그것이 진실되고 현실적인 한 도로써 관통되어 있다. 이러한 철학적 사유는 세계 내에서 세계의 근원을 경험하며 산다. 이 철학적 사유의 한계는 초극해야 할 것으로 나타나거나 또는 나타나지 않거나 하는 것을 통해서 비로소 드러난다. 다시 말해서 그것은 시간적인 의식에 있어 불가피적인 현실로서 중간항中間項을 통해서 비로소 나타난다. 왜냐하면 이 중간항들은 초월 운동의 여러 단계 또는 그것을 통해서 비로소 근거가 경험되는 바 그러한 현실이 현재적으로 나타나는 방식이기 때문이다. 그것들은 초극됨으로써 보존되며 그것들 없이는 공허하게 되는 초월 운동에 내용을 제공해 준다. 야스퍼스는 노자의 철학 사상에 있어 우리가 느낄 수 있는 한계가 그의 철학적 사유의 정점에 있지 않고, 오히려 이 중간 단계에 있다고 주장한다.

그는 이 모든 중간 단계가 내재하고 있는 근본 직관을 도식적으로 다음과 같이 간략하게 표시하고 있다.

중국정신에 있어 세계는 자연적인 생기이고, 산 순환적 운행이며, 고요히 운동하는 만물이다. 전체자라는 도로부터의 일탈은 임시적이고, 잠정적이며, 언제나 불후의 도 자체에로 돌아온다. 우리들 서양인에게 세계는 자기 자신 속에 폐쇄되어 있지 않으며, 오히려 자연적인 생기로서의 세계로부터는 결코 파악될 수 없는 것과 관계하고 있다. 세계와 우리의 정신은 자기와 타자 간의 씨름과 같은 대립적 긴장 가운데 있으며 투쟁의 과제에 있어 일어나는 결정적인 생기이며, 일회적인 역사적 내실을 가지고 있다. 노자는 요구하고 노여워하는 신, 투쟁하고 또 투쟁을 바라는 신의 암호를 알지 못한다.

야스퍼스는 세계 내에서, 시간 내에서 그리고 유한성에서 ―중간 단계의 공간 내에서― 노자가 결여하고 있는 것, 즉 물음을 묻고, 답하고 다시금 물음을 묻곤 하는 가운데 사는 것, 이것이냐 저것이냐는 양자택일, 결단 그리고 영원한 것이 시간 내에서 결정된다는 이러한 역설적인 근본 현실이 가지는 무게가 불가피하다고 말한다. 이와 동시에 야스퍼스는 제한 없는 자기반성의 소질, 즉 도 가운데서의 완전한 안정과는 달리 시간 내에서의 그치지 않는 이 사유 운동의 소질도 노자에게는 결여되어 있다고 비판한다. 다시 말해서 야스퍼스는 노자의 철학 사상에는 이러한 자기천명, 자기 자신과의 교섭, 한사코 되풀이해서 일어나는 자기기만, 은폐 그리고 전도顚倒 등의 부단한 구축驅逐이 결여되어 있다고 결론짓는다.

3장
척도를 주는 인간들

소크라테스

1) 생 애

소크라테스_{기원전 469~399}의 아버지는 석공이었고 어머니는 산파였다. 그는 결코 귀족 가문에서 태어나지 않았다. 그는 단지 검소한 아테네 시민에 불과했다. 부모로부터 물려받은 약간의 유산과 모든 아테네 시민에게 지급되는 국가 보조금으로 비교적 독립적인 삶을 살았다. 펠로폰네소스_{Peloponnesos} 전쟁이 일어났을 때 그는 중장비 보병으로 델리온_{Delion} 전투와 암피폴리스_{Amphipolis} 전투에 참전함으로써 병역 의무를 완수했다.

기원전 406년에 그는 의회 의장직을 피할 수 없는 정치적 의무로 맡았으며 동시에 난폭한 군중들이 아르기누스Arginus 전투에서 아테네 군대를 진두지휘했던 장군들을 처형할 것을 촉구한 것에 반대하여 정의의 편에 서서 대항하기도 했다. 그러나 그는 국가나 군대 내에서의 어떤 중요한 지위도 욕심내지 않았다.

그의 아내 크산티페Xantippe는 이러한 소크라테스의 삶에서 아내로서의 역할을 다하지 않았다. 우리가 소크라테스의 모습에 대해서 알아본다는 것은 매우 주목할 만하다. 그는 육체적으로 생동감 있게 우리에게 나타난 최초의 철학자이다. 그는 아주 못생겼었고, 두 눈은 툭 불거져 나와 있었다. 들창코, 두툼한 입술, 배불뚝이, 땅딸보 체격은 그를 질렌Silen(술의 신 바커스의 양육자 겸 종자)과 사티로스Satyr(그리스 신화에 나오는 반인반수인 숲의 신)같이 느끼게 했다. 그는 뛰어난 건강 체질이었기 때문에 어떤 고통과 추위도 거뜬히 참을 수 있었다.

우리가 알고 있는 소크라테스의 모습은 장년으로서의 형상이다. 그의 소년 시절에 대해서 우리는 거의 아무것도 모르고 있다. 그는 페르시아 전쟁 이후에 부국강병으로 번성한 아테네에서 성장했다. 펠로폰네소스 전쟁의 비극이 일어나기 시작했을 때기원전 431 그의 나이는 마흔이었다. 그는 이 시기 이래에야 비로소 널리 알려진 인물이 되었다. 그를 알린 초기의 문서는 그를 조롱한 아리스토파네스Aristophanes의 「구름Wolken」(기원전 423)이라는 희곡이다. 소크라테스는 기원전 405년에 아테네의 몰락과 파국을 체험했다. 그는 나이 일흔에 신을 신앙하지 않는다는 죄목으로 기소되어 사형 언도를 받고 기원전 399년에 유독한 당근즙으로 만든 사약을 받아 마시고 죽었다.

2) 지적인 발전

우리는 소크라테스의 지적 발전 과정에 대해서 단지 추론할 수 있을 뿐이다. 소크라테스는 아낙사고라스와 아르켈라오스Archelaos로부터 자연 철학을 배웠다. 그는 소피스트들의 궤변론의 문제점을 확인하고 그들의 방법론에서 취사선택하여 그것을 자기의 철학함 속에 용해시켰다.

자연 철학과 궤변론은 그를 만족시키지 못했다. 자연 철학은 인간의 영혼에 아무런 도움을 주지 못했다. 궤변론은 모든 것에 대하여 문제를 제기함으로써 큰 업적을 쌓을 수 있었다. 그러나 궤변론은 새로운 지식을 사칭하거나 또는 전통의 타당성을 부인하는 등의 오류를 범하고 말았다. 이러한 사유의 소용돌이 속에서 소크라테스는 새로운 학설이나 또는 자기 자신이 만족할 수 있는 어떤 방법론도 제시하지 못했다. 결국 소크라테스는 방향 전환을 실현해야만 했다.

그는 자연 철학이 중요한 삶의 문제를 도외시하고 있음을 알았으면서도, 즉 궤변론에서 부도덕성을 파악했으면서도 진리를 참된 의미에서 깨닫지 못했다. 그러나 그는 예언자들과는 달리 아무것도 고지할 수 없었다. 왜냐하면 소크라테스는 신이 자기에게 명령한 것을 인류에게 말하도록 하기 위해 자기를 선택했다고는 생각하지 않았기 때문이다. 그는 인간들 속에서 하나의 참된 인간을 자기 스스로 찾아야 하는 명령 이외 그 어떤 것도 신으로부터 받지 않았다. 그는 가차 없이 물음을 던지면서 하나의 진정한 인간을 찾아내고자 했다.

그는 그 어떤 무엇이나 또는 그 자신에 대한 신뢰를 요구하지는 않았지만, 물음을 묻고 음미하는 식의 사유를 요구했다. 그는 그렇게 함으로써 인간으로 하여금 자기 자신에로 돌아가도록 했다. 그러나 이러한 본래적 자기란 진리와 선의 인식에만 있기 때문에 진리를 진지하게 사유하는 사람만이 비로소 본래적 자기에로 돌아갈 수 있다고 생각했다.

3) 대화

야스퍼스는 소크라테스에게 대화는 삶의 근본적 현실이었다고 주장한다. 소크라테스는 장인匠人, 정치가, 예술가, 소피스트, 매춘부 등과 대화를 나누었다. 그는 여느 아테네인들과 마찬가지로 길거리, 시장, 체육관, 연회장에서 자기의 삶을 보냈다. 그것은 바로 모든 사람과 함께 나누는 대화의 삶이었다. 그러나 이러한 대화는 아테네인들에게는 익숙하지 않은 아주 새로운 대화, 즉 영혼을 그 가장 내면적인 것 속에서 자극하고 당혹하게 하고 제압하는 그런 대화였다.

대화의 현실이 종래에는 자유로운 아테네인들에게 삶의 형식이었다면 그것은 지금 소크라테스의 철학함의 수단과는 다른 것이었다. 대화는 그 본질상 개인과 개인 간의 대화에서만 나타나는 진리 자체를 획득하기 위해서는 필수적이다. 진리를 명료하게 밝히기 위해서 그는 다른 사람들을 필요로 하고 또 다른 사람들이 그를 필요로 한다고 확신했다. 그러나 그는 무엇보다도 젊은이들을 교육하고자 했다. 야스퍼스에 의하면 소크라테스가 생각하는 교육이란 지자知者가 무지자無知者에게 주입시키는 일시적인 가르침이 아니고, 오히려 나와 너 상호 간에 대화를 통해서 진리를 찾아가는 하나의 과정이다.

그는 젊은이들을 돕고자 했고 젊은이들 역시 그를 도왔다. 그는 젊은이들에게 외관상 자명한 것 같이 보이는 것 속에서 어려움을 발견하게 하고 그것을 혼란 속에 가져다 놓고 강제로 사유하도록 하였으며 그들에게 언제나 반복해서 물음을 묻고 해답을 피하지 않고 계속해서 추구하도록 가르쳤다. 그리고 그는 젊은이들에게 진리란 인간 상호 간을 결속시키는 것이라는 이 근본지根本知를 지속적으로 추구할 것을 가르쳤다. 이러한 근본 현실로부터 ─소크라테스의 죽음 이후─ 대화편의 산문시가 플라톤에 의하여 쓰였다. 소크라테스는 플라톤처럼 궤변론을 무턱대고 공격하지는 않았다.

그는 정당을 만들지도 않았고 어떤 선전과 어떤 것의 정당화도 일삼지 않았다. 그는 학파도 제도도 만들지 않았다. 그는 국가 개혁을 위한 계획이나 지식의 체계도 세우지 않았다. 군중들 앞에서, 즉 민중 집회에서 연설 같은 것도 하지 않았다. 그는 『변명Apologie』(플라톤이 저술한 대화집)에서 "나는 항상 개인을 향해서만 말할 뿐이다"라고 말하고 있다. 그는 다음과 같은 말을 통해서 위의 말을 역설적으로 확증하고 있다.

군중을 향하여 솔직하고 성실하게 대하는 사람은 자기의 생명을 안전하게 유지하지 못한다. 그러므로 정의를 위해서 투쟁하고자 하는 사람은 개인과의 상호 소통을 가지지 않으면 안 된다.

야스퍼스는 이 말을 포괄적으로 이해해야 한다고 주장한다. 시대적 상황의 비진리는 현재의 사회 체제가 민주주의적이든 귀족주의적이든 또는 독재적이든 그것에 상관없이 위대한 정치적 행위에 의해서 제거될 수 없다. 개인이 자기를 개발할 수 있도록 교육받는다는 것, 즉 인간의 잠재적 본질이 현실화되고 인식은 내적인 행위라는 것, 다시 말해서 덕이라는 것을 깨닫는 것이 바로 사회적 상황을 개선하는 데 필요한 전제가 된다. 참된 인간이 되는 사람은 동시에 참된 시민이 된다. 그러면서 개인은 국가에 있어 자기의 성공과 영향에 관계없이 개인 자신으로서만 중요하다. 자기 자신을 지배하는 개인의 독립성, 즉 인식과 더불어 자라나는 개인의 본래적 자유는 야스퍼스에 의하면 인간이 신 앞에 설 때 디디고 서는 궁극적인 지반이다.

4) 소크라테스적 삶의 본질

야스퍼스는 철학이 학설이라면 소크라테스는 철학자가 아니라고 주장한다. 야스퍼스의 견해에 의하면 그리스 철학사를 이론적인 철학사로써 관련짓는다면 소크라테스는 그리스 철학사에서 자기가 들어설 자리를 가지지 못한다.

야스퍼스에게 있어 소크라테스는 무지의 지를 가지고 사유하는 도상에 있음을 철학함으로 간주하는 것으로 생각되고 있다. 소크라테스는 논리적인 증명이 중지되어 버리는 그런 한계를 알고 있다. 그는 이 한계에서 삶의 본질이 환하게 밝아 온다고 생각했다.

이러한 본질은 야스퍼스에 의하면 소크라테스의 다음과 같은 세 가지 경건한 확신에 잘 나타나 있다.

① 진리는 끝없이 단호하게 물음을 던지는 사람에게 나타난다는 신념
② 신들과 폴리스의 신성함에 대한 신앙
③ 다이모니온Daimonion(신령)의 말에 대한 신앙

첫째, 플라톤의 대화집 『메논Menon』에서 메논이 소크라테스와 덕에 대하여 토론하던 중 소크라테스의 물음에 막다른 골목에 다다랐을 때 메논은 다음과 같이 말한다.

나는 너의 모든 행위마다 너 자신을 당혹으로 몰아넣고 또 다른 사람들까지도 당혹스럽게 만든다는 것을 익히 들어서 알고 있네 … 지금 너는 마법을 걸어 나를 너의 마력 속으로 완전히 빠뜨려 정신을 차릴 수 없게 만들었네. 그러므로 나는 지금 이 순간 무엇이 무엇인지 아무것도 모르겠네. 너는 마치 전기가오리를 닮아서 혼동할 것 같네. 왜냐하면 전기가오리는 자기에게 가까이 오는 사람마다 가시로 찔러 마비시키기 때문이네. 만일 네가 이방인으로서 다른 도시에서도 이와 똑같은 행동을 했다면 너는 아마도 마술사로서 체포되었을 것이네.

소크라테스는 이 말에 다음과 같이 답변한다.

만일 전기가오리가 다른 고기를 마비시키면서 자기 자신도 마비된다면 나를 전기가오리에 비유하는 것은 적절할 수 있겠지. 그렇지 않다면 너의 비유는 틀린 것이네. 왜냐하면 내가 다른 사람들을 당혹게 한다면 그 경우에 나 자신도 당연히 당혹하고 있는 것이기 때문이네.

테아이테토스가 플라톤의 『테아이테토스』라는 대화집에서 이와 똑같은 상황에서 "현기증이 일어나고 있다"라고 말하자 소크라테스는 "그것이 철학의 시작이네"라고 대답했다.

야스퍼스는 통찰은 당혹에서 자라난다고 말한다. 『메논』은 이것을 다음과 같은 예를 통해 나타내 보이고 있다. 한 노예가 처음에는 어떤 수학 문제를 잘 풀 수 있다고 주장한다. 그러나 그는 곧 당혹에 빠지고 드디어는 자기의 무지를 깨닫는다. 그럼에도 불구하고 그 문제에 대하여 계속 물음을 묻고 들어간 끝에 결국 정답을 풀어낸다. 야스퍼스는 이 실례야말로 진리가 대화에서야 비로소 나타난다는 것을 잘 보여 주고 있다고 주장한다.

대화를 시작하는 두 사람은 처음에는 진리를 모른다. 그러나 진리는 거기에 있고, 두 사람은 진리 주위를 맴돌다가 마침내 진리의 안내를 받는다. 소크라테스는 진리를 발견할 수 있다는 확신을 가지고 진리를 탐구하는 노동을 감행하고자 한다. 그는 『테아이테토스』에서 이 행위를 산파술產婆術, Mäeutik에 비유했다. 테아이테토스는 해답을 모르고 있고 또 자기 스스로 해답을 발견할 능력이 없다고 생각한다. "그럼에도 불구하고 나는 진리를 탐구하고자 하는 욕구를 버릴 수 없습니다"라고 그가 말했다. 이 말에 대해서 소크라테스는 다음과 같이 말한다.

자네는 지금 산고産苦를 겪고 있네. 왜냐하면 자네는 홀몸이 아니고 임신한 몸이기 때문이네.

소크라테스는 젊은이들과의 대화 방식을 다음과 같이 기술하고 있다. 소크라테스는 산파처럼 임신 여부를 판가름하고 모든 수단을 다 동원해서 산고를 이야기하거나 덜어 준다. 산고는 참된 출생과 헛된 출생을 구별한다. 그러므로 그는 젊은이들의 정신이 참된 출생을 드러낼 것인지 아니면 거짓된 출생을 드러낼 것인지를 음미한다. 소크라테스 자신은 지혜를 출산할 수 없다. 그 때문에 그가 단지 다른 사람에게 물음만 던질 뿐이라는 비난을 받기도 한다. 그 이유는 소크라테스가 다음과 같이 생각하고 있었기 때문이다.

신은 나에게 강제로 산파 역할을 맡겼을 뿐이며 나 자신의 출산을 거부했다.

소크라테스와 대화를 나눈 사람들은 우선 외관상 더욱 무지하게 된다. 왜냐하면 사실은 그들이 거짓된 지식으로부터 벗어나기 때문이다.

야스퍼스의 해설에 따르면 소크라테스는 지혜를 주지 않고, 오히려 다른 사람들로 하여금 그들 스스로 지혜를 발견하도록 만든다는 것이다. 소크라테스는 사람들이 알지 못하고 있다는 것을 인식시켜 줌으로써 그들 자신 속에서 스스로 진정한 지식을 찾도록 도와준다. 지식이란 각자가 스스로 깨달음으로써 획득된다. 그러므로 지식이 밝혀짐은 마치 오랫동안 알았던 것을 새삼스럽게 회상함과 비슷하다. 철학에서 우리가 모르면서 지식을 추구할 수 있는 이유가 바로 여기에 있다.

둘째, 소크라테스는 전통적인 신들을 믿었고, 신들에게 봉헌했고, 델피Delphi의 권위를 따랐고, 신을 위한 축제에 참여했다. 야스퍼스에 의하면 그리스인들에게 있어 종교적 금기, 즉 어떤 것은 바라지도 말고 행하지도 말아야 한다는 금기는 반드시 지켜져야 하는 것으로 받아들여지고 있었다. 그러므로 그리스인들은 그들의 모든 의지와 행동의 의미를 종교적 금기에서 찾았다. 소피스트들은 이러한 금기를 무시하고 저항했다. 그러나 소크라테스는 그러한 금기 속에서 숨 쉬고, 그것을 외경하는 가운데 순종하고 근거 없는 모든 것의 근거를 감지하고자 했다. 그러므로 소크라테스의 위대하고 탁월한 소박성은 불가해한 존재의 심연에서 솟아난 자명성에서 비롯한다.

야스퍼스는 이 책에서 자기 자신의 통찰로는 어떤 결단도 내릴 수 없을 경우에는 조상들의 신사상神思想이나 국법을 따르는 것이 올바른 일이라고 생각하는 소크라테스의 입장을 시종일관 시사하고 있다. 소크라테스는 자기가 태어난 국가, 솔론Solon의 국가, 페르시아와 두 번이나 전쟁을 치른 국가, 페리클레스Perikles가 다스린 국가, 더 구체적으로 말해서 아득히 먼 옛날에 제정되었고 그 이후 계속 보강된 법률 —이 법률에 의하여 그의 삶이 가능했다— 에 기초한 국가와 불가분의 관계로 결부되어 있었다.

그는 알키비아데스Alkibiades처럼 국가를 개인의 권력 의지의 도구로 삼고자 하지도 않았고 또 자기가 태어난 국가를 반역하려고도 하지 않았다. 그리고 또한 그는 토대 없는 세계 시민이 되고자 하지도 않았다. 그는 자기의 현존재에서 의문의 여지가 없을 정도로 아테네와 하나가 되어 있음을 알고 있었다. 『변명』에서 플라톤은 소크라테스를 다른 폴리스에로의 이주냐 또는 죽음이냐라는 선택 앞에 가져다 놓고 있다. 이러한 선택에서 소크라테스는 죽음을 선택한다.

이 늙은 몸으로 이 나라에서 저 나라로 바꾸어 가며 떠돌아다닌다는 것은 결코 아름다운 삶이 아니다.

소크라테스는 국외 추방보다는 차라리 죽음을 선택할 정도로 법을 존중한다. 그러므로 그는 법과 대등할 정도의 동등권을 주장하는 것이 아니고, 오히려 법에 대하여 복종할 의무가 있음을 알고 있다. 그는 부모에 대해서와 마찬가지로 조국에 대하여, 비록 조국이 자기를 취급한 것이 옳지 않다는 것을 자기가 알고 있다고 하더라도, 결코 폭력을 사용할 수 없다. 야스퍼스는 이것이 바로 소크라테스를 소피스트들로부터 구별 짓고 있다고 규정한다.

소크라테스는 어릴 때부터 결정적인 순간에 자기에게 말을 걸었던 다이모니온에 관하여 이야기하고 있다.

나의 의도를 꺾기 위해 훈계조의 의미가 아닌, 해서는 안 된다는 금지의 의미에서만 항상 들었던 소리가 있다.

이 다이모니온의 소리는, 야스퍼스에 의하면, 예컨대 그가 정치계로 나서고자 할 때마다 그를 제지하였다. 그를 배반하여 떠났던 제자가 다시 찾아와서 그와의 사제관계를 회복하기를 원했을 때 이 다이모니온은 어떤 경우에는 반대했고, 다른 어떤 경우에는 허용했다. 그가 재판을 받는 동안 다이모니온의 소리는 침묵했고 이런 현상이 자기에게는 기묘하게 생각되면서도 고무적으로 느껴지기도 했다.

5) 재 판

야스퍼스는 소크라테스의 삶이 비극적인 종말을 수반한 예외자의 삶이었다는 사실을 제외하면 결코 극적인 인생은 아니었다고 말한다. 독신죄瀆神罪로 기소된 그의 재판은 사형 선고로 끝났다. 이 결과는 우연이 아니고 오래전부터 쌓여 온 역사적 사연들에 근거하고 있다.

아리스토파네스는 「구름」이라는 작품에서 소크라테스를 자연 철학에 전념하고 천체 현상과 지상의 이변을 연구하며 전통적인 신들을 부정하고 그것들 대신에 공기와 구름을 숭배하고 옳지 못한 일을 관철시키는 기술을 가르치고, 자기의 가르침에 대한 대가로 돈을 받는 그런 후안무치厚顏無恥한 사람으로 묘사하고 있다. 우리가 알고 있는 소크라테스와는 너무나 거리가 먼 사람으로 묘사하고 있는 것이다.

소크라테스는 무엇 때문에 놀라울 정도로 거짓된 인물로 비난받게 되었는가? 야스퍼스는 무엇보다 그가 청년 시절에 사실상 자연 철학과 궤변론에 전념했었고 여론에 반대되는 새로운 철학적 운동의 대표자로서 간주되고 있었다는 것이 비난을 받은 이유인 것 같다고 판단한다.

민중들은 궤변론 자체로써 궤변론을 극복한 소크라테스를 이해하지 못했다. 왜냐하면 궤변론을 극복한 방법이 이러한 사유의 새로운 에토스Ethos로 말미암아 견디기 어려웠기 때문이다. 소크라테스는 끊임없이 물음을 물었고, 물음을 받는 사람들을 인간의 근본 문제들에로 이끌어 갔지만, 그들은 그 근본 문제들을 해결하지 못했다. 그가 제기하는 요구들이 야기시킨 혼란과 열등의식은 분노와 증오를 자아냈다.

따라서 소크라테스는 기원전 399년에 다음과 같은 죄목으로 기소되었다.

소크라테스는 국가가 숭상하는 신을 섬기지 않고 다이모니온에 대한 새로운 양식의 신앙을 섬기며 젊은이들을 오도하고 있다.

소크라테스는 여러 해 동안 이러한 비난을 공공연하게 무시해 왔다.

생전에 그는 자기의 철학을 변호하는 저서를 한 권도 저술하지 않았다. 그는 한 줄의 글도 쓰지 않았다. 그는 귀족적인 은퇴생활을 하지도 않았고, 배타적인 모임을 만들어 그것에 관여하는 일도 없었으며, 오히려 거리에서 변함없이 공공연하게 사람들을 가르쳤다. 비록 그가 항상 개인들과 함께 대화를 나누었다고 하더라도 아테네인들은 그로 말미암아 평온을 유지할 수 없었다.

야스퍼스에 의하면 소크라테스의 변호는 신이 자기 자신의 삶과 다른 사람들의 삶을 음미할 것을 명령했다는 명제에서 절정을 이루고 있다.

이 과제는 신이 나에게 신탁을 통해서, 즉 꿈과 가능한 모든 표시들을 통해서 명령한 것이다. 일반적으로 신의 의지는 이 신탁을 통해서 인간에게 고지된다.

그는 이 명령을 받아들였다. 그러므로 그는 이 명령을 지키고 어떤 위험이나 죽음도 두려워하지 않았다고 야스퍼스는 지적한다.

나는 여러분들의 명령보다는 신의 명령을 따를 것입니다. 그리고 내가 생명과 힘을 가지고 있는 한 나는 진리를 연구하고 여러분들에게 경고하고, 여러분들을 계몽하고 우연히 내가 어울린 여러분들 모두에게 통례의 방식으로 훈계하는 것을 그치지 않을 것입니다. 나의 벗이여, 여러분들은 통찰, 진리, 여러분들 영혼의 개선에 진력하지 않는 것이 부끄럽지 않습니까?

소크라테스의 변호는 재판관에 대한 공격으로 나아간다.

만일 여러분들이 나를 처형한다면 그것은 나를 해치는 것이 아니라, 오히려 여러분 자신을 해치는 일이 될 것입니다.

소크라테스는 불손한 태도로 재판관을 경멸했다. 그는 사람들이 그를 위해서 놓아 준 다리를 건너지 않았다. 그는 감옥에서 쉽사리 도망감으로써 처형을 면할 수 있었다.

야스퍼스는 소크라테스가 자신이 소속하고 있는 사회의 불문율과 타협하기를 거부했다고 천명하고 있다. 소크라테스는 스스로 자기의 죽음을 야기했다. 다시 말해서 그는 스스로 죽음을 욕구했다. 그것은 사법적인 살인Justizmord이 아니고 사법적인 자살Justizselbstmord이다. 이와 같은 견해를 가진 사람들은 소크라테스에게 죄가 있다고 주장한다. 그러나 야스퍼스는 그들이야말로 소크라테스가 진리를 위해서 온몸을 던져 신적인 소명을 실천함에 그 당시의 어떤 세속적인 비진리도 굴욕적으로 받아들이는 그런

제의를 거부했다는 사실을 못 보고 있다고 비판한다. 야스퍼스는 소크라테스가 철학의 진정한 순교자, 즉 진리의 증인이었다고 규정한다.

6) 플라톤이 본 소크라테스

야스퍼스는 대화집에 나오는 소크라테스의 형상이 역사적으로 소크라테스가 생존했던 당시의 현장, 대화, 언설에 대한 정확한 기록이 아니라고 주장한다. 그러면서도 그것이 허구만은 아니라고 말한다.

야스퍼스는 플라톤이 창안한 소크라테스의 형상이 역사적으로 어떤 비교도 허용하지 않는 이 신비로운 사상가의 인격의 현실이라는 의미에서 고안되었다고 주장하기도 한다. 이러한 소크라테스의 형상은 변용된 실재로서 간주될 수밖에 없다. 이처럼 변형된 실재 속에서 역사적 문헌학적으로 정확한 소크라테스의 형상을 검토한다는 것은 아무런 의미가 없다. 역사적 실재를 부인하는 사람은 증명에 의해서는 설득되지 않는다. 야스퍼스는 지금까지 플라톤 자신이 본 소크라테스의 실재가 우리에게 전달되어 왔다고 말한다. 다시 말해서 우리는 플라톤 자신이 본 것을 플라톤을 통해서 그리고 플라톤과 함께 볼 수 있다. 야스퍼스의 해설에 의하면 우리는 죽음 앞에서의 소크라테스의 모습을 『변명』, 『크리톤*Kriton*』, 『파이돈*Phaidon*』과 같은 대화집에서 그리고 삶의 모습을 『심포지엄*Symposion*』, 『파이드로스*Phaidros*』와 같은 대화집에서 볼 수 있다. 소크라테스의 죽음은 말로 표현할 수 없는 확신으로 가득 찬 비지식에 근거한 기품 있는 태연자약의 형상을 하고 있다. 비지식은 죽음에 대한 모든 말의 근거이며 목적이다. 소크라테스는 다음과 같이 깊이 생각한다.

죽음을 두려워하는 사람들은 사람들이 모르는 것을 알고 있다고 생각한다. 그럼에도 불구하고 사람들은 죽음이 가장 나쁜 것이라고 알고 있는 것처럼 죽음을 두려워한다. … 죽음은 꿈 없는 잠과 같은 어떤 무엇에 대한 감각 없는, 아무것도 없음과 같은 것이다. 그 경우 영원은 가장 아름다운 잠을 자는 밤보다 길지 않다. 그러나 죽음은 이승에서 저승으로 옮겨 가는 이주이다. 저승에서는 모든 죽은 사람들이 한데 모여 있고, 정의로운 재판관들이 진리를 말하고 있고, 부당하게 재판을 받고 사형당한 사람들이 만나고, 사람들이 누가 지혜로운가를 간파하기 위해 계속 대화하고, 최상의 사람들과 대화하는 것이 이루 형언할 수 없는 행복으로 충만해지고 있다. 죽음에 대한 진리가 무엇이든지 간에 선한 사람에게는 살아 생전에나 죽은 이후에나 재앙이란 없다.

소크라테스는 영혼의 불멸을 증명하기 위해 인간이 가지고 있는 모든 마음의 평안이 바로 거기에 달려 있다고 말한다. 영혼의 불멸에 대한 의심은 논리적인 증명으로 풀어지는 것이 아니다. 그것은 정의로운 행위와 진리의 탐구에 의해서만 해소된다. 합리적인 증명에 기초한 확신은 자기 소유로서의 확신이 아니다. 오히려 소크라테스는 영혼의 불멸을 희망하면서 삶을 사는 '모험'에 대해서 분명히 말한다. 왜냐하면 영혼불멸이라는 관념은 완전한 권리를 가진 신앙이기 때문이다. 따라서 그것은 인간이 그것을 위해서 모험을 무릅쓸 만한 가치를 지녔다. 이러한 모험은 아름답고, 정신은 마법사의 주문과도 같은 효력을 가진 그런 관념으로부터 위안을 바란다.

지식의 소유로써 모든 확신을 흩날려 버리기 위해 소크라테스는 모든 것을 밝은 기본 정조의 부유 가운데로 다시 가지고 온다.

만일 내가 말하는 것이 참이라면 진리에 설득되는 것은 좋은 일이네. 그러나 죽은 이후에 기대할 것이 없다면 나는 죽음을 맞이한 이 마지막 시간을 비탄으로 가득 채움으로써 적어도 부담이 되고 싶지는 않네. 그러나 나의 무지는 결코 오래 지속되지는 않을 것이네.

소크라테스에게 죽음은 결코 비극적인 것이 아니었다.

자네들, 심미아스, 케베스 그리고 다른 사람들은 각자 제때에 이곳을 떠날 것이네. 한 비극 시인이 말했듯이 벌써 운명이 나를 부르고 있네.

죽음의 시기는 소크라테스에게는 아무런 상관이 없었다. 소크라테스는 죽음을 초월하고 있었다. 그는 친구들이 슬퍼하는 것을 진정시켰다.

사람은 경건한 마음으로 이 세상을 떠나지 않으면 안 되네. 그러니 슬픔을 참고 조용히 하게나.

소크라테스는 조용히 진리와의 동행을 추구했다. 슬픔은 사람들을 결속시키지 못한다. 울부짖는 소리를 듣기 싫어했기에 소크라테스는 아내 크산티페를 부드럽게 달래며 작별을 고하고는

집으로 돌려보냈다.

야스퍼스는 슬픔에 항복하지 않고 사유를 수행하는 한 그 사유의 도상에서 영혼의 고양이 가능해진다고 역설한다. 물론 인간은 이와 같은 슬픔에 압도당하여 한탄하곤 한다. 그러나 슬픔은 마지막 순간에 극복되지 않으면 안 된다. 즉 마지막 순간에 슬픔을 이기고 고요히 운명을 받아들이지 않으면 안 된다. 야스퍼스는 소크라테스가 그 위대한 실례라고 말한다. 야스퍼스는 절망적인 슬픔이 일어날 것 같은 곳에서 영혼에게 열린 가장 위대하고 사랑스러운 평안이 생긴다고 역설한다.

소크라테스에게 죽음은 더 이상 중요하지 않다. 야스퍼스는 죽음은 베일에 가리어지지 않지만, 본래적인 삶은 죽음에의 삶이 아니고 선에의 삶이라고 확신한다. 야스퍼스는 소크라테스가 죽음에 직면하여 삶으로부터 이미 멀리 떨어져 있는 것 같지만, 그는 사소한 인간적 현실에 대해서, 즉 교도관의 친절과 배려에 대해서 친절하고 감사하는 마음으로 대했다고 단정한다.

그는 다음과 같이 공손한 태도를 보여 주기도 했다.

독약을 마시기 전에 목욕을 함으로써 나의 시체를 깨끗하게 닦는 여자들의 수고를 덜어 주는 것이 좋을 듯하네.

소크라테스의 비장함은 실천적인 문제에의 주의와 익살 가운데 녹아 버렸다. 야스퍼스는 소크라테스가 죽음 앞에서도 태연자약하게 자유를 만끽할 수 있었던 이유는 그가 자기의 삶과 죽음을 바칠 수 있다고 생각한 비지식에 대해 확신했기 때문이라고 천명한다. 야스퍼스는 이러한 확신을 확인할 수 있는 『파이돈』이 『변명』, 『크리톤』과 더불어 인류의 대체 불가능한 값진 기록에 속한다고 주장한다. 야스퍼스에 의하면 고대로부터 철학함을 해 온 사람들은 수 세기에 이르기까지 비록 그들이 불운한 운명에 처해 있다고 하더라도 그 운명과 하나가 되는 평안 속에서 죽기 위하여 이러한 책을 읽고 책에 담긴 지혜를 얻어 왔다.

따라서 야스퍼스는 여기서 우리는 광신에 사로잡히지 않는 요구, 도덕적 경직에 빠지지 않는 최상의 열망, 절대적인 것을 향한 자기개현自己開顯을 발견하지 않으면 안 된다고 주장한다. 그것을 달성할 때까지 인간은 절대로 포기해서는 안 된다. 그곳에서만 편안하게 살고 죽을 수 있다. 우리가 소크라테스를 명백히 인식하고 있다고 하더라도 플라톤이 본 소크라테스는, 야스퍼스의 해석에 의하면, 신비적인 인물이고 그의 육체 또한 신비적이다.

소크라테스는 매우 이례적인 행동을 많이 했다. 길을 걸어가는 도상에서 갑자기 멈추어 서서 깊은 사유에 빠지기도 하고 자기의 면전을 응시하기도 했다. 어떤 경우에는 한자리에 선 채로 무언가를 골똘히 생각하면서 한밤을 지새우기도 했다. 동이 텄을 때 그는 태양에게 기도를 올리고 길을 떠났다.

그는 실레누스처럼 추남이면서 동시에 마력적으로 사람을 매료시키는 힘을 가지고 있었다. 야스퍼스는 플라톤이 기술한 소크라테스상像이 변용된 형상이라면, 크세노폰Xenophon이 묘사하고 있는 무미건조한 소크라테스상은 매우 다양하다고 논평한다. 그러나 본질적으로는 모순적이라고 말하기도 한다.

크세노폰은 바깥에 나타나 있는 전경前景의 현상을 보고 있고, 플라톤은 깊은 곳을 보고 있다. 크세노폰은 부분적인 것, 상호 분리된 관념들을 가진 소크라테스를 나타내고자 했던 데 반해서 플라톤은 지혜와 이해로 충만한 소크라테스를 드러내고자 했다.

야스퍼스는 플라톤이 드러내고자 시도한 소크라테스상을 이뿐만이 아니고 더 나아가서 대략 다음과 같이 드러내 보이고자 시도하고 있다.

플라톤은 소크라테스의 본성 한가운데로 꿰뚫고 들어갔으나 그 본성은 비유와 상징에 의해서만 느껴지고 이해될 수 있을 뿐이었다. 플라톤은 소크라테스의 본성이 가진 위대하고 비범한 성향을 직관하는 순간 판단정지를 경험하는 한계에 직면했던 것 같다.

야스퍼스는 플라톤이 크세노폰의 소크라테스상까지 이야기한 것은 소크라테스의 형상에 관한 모든 자료들을 우리에게 전달함으로써 우리로 하여금 소크라테스와 직접 대화할 수 있도록 도모하고자 한 데 그 목적이 있다고 단정한다.

플라톤은 소크라테스에 의하여 하나의 운동에 사로잡혀 있고 또 그 운동에 빠져 있었다. 플라톤은 자기의 전 생애를 통해서 이 운동을 감행했다. 이 운동에서 플라톤은 소크라테스의 실재와 진리를 공개했다. 크세노폰은 소크라테스를 유용한 것을 사유하는 플라톤적 합리주의자로서 묘사했고, 반면에 플라톤은 소크라테스를 에로스에의 사유를 지향하는 사람, 단순한 선의 빛을 체득하는 사람으로 묘사했다. 플라톤과 크세노폰, 두 사람 모두 소크라테스를 인간으로 보았지만, 그를 신격화하지는 않았다. 그러나 크세노폰에게 소크라테스는 인간 자신이면서 가능적 진리로서 합리적으로 파악될 수 있는 이성적·도덕적 인간이다. 반면에 플라톤에게 소크라테스는 깊은 심연으로부터 이야기하고 불가해한 근원으로부터 불가해한 목표에로 비약하는 가운데 삶을 사는 그런 인간이었다.

7) 소크라테스의 영향

야스퍼스는 소크라테스야말로 그리스도교의 순교자들과 같이 자기의 신념을 위해서 죽었으며 전래적傳來的인 신 신앙을 불경했다는 죄목으로 기소되기도 했다고 쓰고 있다. 더욱이 소크라테스는 그리스도와 나란히 불리기도 했다. 소크라테스와 그리스도는 다 같이 그리스의 종교를 반대했다. 타티아노스Tatianos는 "한 사람의 소크라테스만 있을 뿐이다"고 말했으며, 오리게네스는 소크라테스와 예수 간의 공통성을 보았다. 테오도로스Theodoros는 소크라테스의 비지식에 대한 통찰이 신앙에서의 길을 열어 준다고 주장했다. 야스퍼스는 소크라테스의 자기인식을 신에의 인식에 이르는 길이라고 해석한다. 야스퍼스에 의하면 소크라테스는 인간이란 지상적인 정열에 의하여 더럽혀지지 않은 순수한 정신으로서만 신적인 것에 접근할 수 있다는 것을 알고 있었다.

소크라테스는 자기 자신의 무지를 고백했다. 그러나 소크라테스는 최고선에 관해서 분명히 말하지 않으며 언제나 자극하고 어떤 주장을 했다가도 곧장 다시 번복하기 때문에, 아우구스티누스는 모든 사람들이 자기들의 마음에 드는 것만을 떼내어 전개시켜 나갔다고 말했다. 초기 그리스도교 시대가 고대 철학의 그늘에 가려져 있는 동안 소크라테스는 존숭하는 인물로 간주되기도 했다. 그러나 중세에 들어와서 소크라테스의 이름은 빛을 잃었다. 예후다 할레비Jehuda Halevi는 소크라테스가 가장 완전한 인간적 지혜를 지닌 대표자이지만, 신의 지혜를 지닌 사람은 아니었다고 주장했다.

르네상스 이후 소크라테스는 다시금 떠오르기 시작했다. 독립적인 철학함과 더불어 소크라테스는 다시금 활기를 띠게 되었고, 에라스무스는 "성스러운 소크라테스여, 우리를 위해 빌어 주소서"라고 썼다. 몽테뉴는 소크라테스적인 사유를 무엇보다 인간에게 편안하게 죽을 수 있는 길을 가르쳐 주는 회의와 자연으로 보았다. 계몽시대에 있어 소크라테스는 독립과 윤리적 자유를 원하고 외치는 사상가로서 우뚝 서게 되었다.

멘델스존Mendelssohn에게 소크라테스는 신과 영혼의 불멸을 증명할 수 있는 길을 열어 준 도덕적인 모범이었다. 그러나 이 모든 것은 시작에 불과했다. 야스퍼스에 의하면 키르케고르는 근원적으로 소크라테스에 접근을 시도했고, 근대 세계에서 소크라테스에 대한 가장 심오한 해석을 보여 주었고, 그의 아이러니와 산파술을 진리의 전달로서가 아니라, 진리를 발견하는 계기로서 이해했다.

야스퍼스는 소크라테스를 비판적으로 해석하는 니체의 입장을 해설하고 있는데 그 내용은 대체로 다음과 같다.

니체는 소크라테스에게서 그리스 문화의 비극적 정신을 부정한 위대한 적대자, 과학의 지성주의자이면서 창시자를 보았다. 니체는 소크라테스에게 가깝게 있었기 때문에 생애 내내 소크라테스와 투쟁했다. 그의 의식에 있어 소크라테스는 그의 맞수였다. 소크라테스는 나에게 너무나 가까이 있었기 때문에 항상 그와 투쟁했다.

니체의 예측에 의하면 철학의 미래 운명은 소크라테스가 어떻게 영향을 미치느냐 하는 방식에서 나타날 것이다. 소크라테스는 시대와 인간이 자기 자신들의 이상을 집어넣는 그릇이 되어 왔다.

니체에 의하면 소크라테스는 겸손하고 하느님을 두려워하는 그리스도교도이자 자신만만한 이성주의자이고, 악마적인 인격의 천재이고, 휴머니티의 고지자이고, 게다가 때에 따라서는 철학자의 가면을 덮어쓰고 권력을 장악하기 위한 자기의 계획들을 은폐하는 정치적 인간이기도 했다. 그러나 실제로 그는 이 모든 유형의 인간 가운데 그 어떤 인간도 아니었다.

보편적으로 동의할 수 있는 소크라테스의 상은 결코 드러나지 않고, 오히려 상반된 소크라테스의 상만 난립했을 뿐이다. 그렇다고 하더라도 야스퍼스에 의하면 하여간 소크라테스는 플라톤 철학의 선구자이고 아리스토텔레스에게 개념으로의 길을 열어준 철인이고, 하인리히 마이어Heirich Meier에 의하면 철학자가 아니라 오히려 인간의 극기와 자족과 자기해방을 부르짖은 도덕적인 혁명가이며, 예언자이며, 그러한 에토스의 창조자이다. 소크라테스는 버넷Burnet과 테일러Taylor에 의하면 플라톤의 모든 대화집에 나오는 그런 소크라테스, 즉 이데아론과 영혼의 불멸과 이상국가를 창출한 창조자이다. 플라톤이 말하는 소크라테스의 모든 것은 역사적인 진리이다.

공 자

야스퍼스는 많은 변화를 거듭해 온 전승의 여러 층을 관통하여 역사적인 공자의 모습을 찾아본다는 것이란 불가능한 것 같다고 말한다. 야스퍼스는 비록 공자가 전승을 정리하고 스스로 저술하는 노작을 했다고는 하지만, 우리가 이러한 형태로 공자 자신이 분명히 썼다고 말할 수 있는 글을 단 한 줄도 가지고 있지 않다고 주장한다.

야스퍼스는 중국학자들 간의 견해 차이는 중요한 사실 문제들에 관해서까지도 두드러지고 있다고 말한다. 공자는 만년에 『역경易經』을 연구 대상으로 삼았던 것으로 전해 오고 있지만, 사실 『역경』에 대해서는 전혀 알지 못했다는 것이다. 포르케의 입장을 좇아서 야스퍼스는 공자가 늙은 스승으로 존경한 것으로 전승되어 온 노자는 사실 공자보다 훨씬 후대에 살았다고 주장한다. 이러한 추정적 소견들은 이 소견들에 대해서 찬성하거나 반대하는 믿을 만한 근거들을 동시에 제시할 수 있는 그러한 종류의 것들이다.

야스퍼스에 따르면 사람들은 기원전 1세기에 살았던 사마천의 『사기』와 공자의 『논어論語』에서 공자의 일신상의 불가해한 특징들을 인지할 수 있을 것이다.

1) 생 애

공자기원전 약 551~479는 노魯나라에서 태어나서 그곳에서 죽었다. 그는 세살 때 아버지를 여의고 가난한 가정형편 속에 홀어머니 밑에서 자라났다. 벌써 어릴 때 그는 제사 지내는 그릇을 제상祭上에 차려 놓고 제사 지내는 흉내를 내면서 놀기를 좋아했다. 19세 때 결혼하여 일남일녀를 얻었으나 아내와 자식들에 대해서는 애

듯한 정을 가지고 있지 않았다. 그는 키가 컸고 또 뛰어난 체력을 가지고 있었다.

19세 때 공자는 한 귀족 가문에 들어가서 양곡과 가축의 감독자로서 일했다. 32세 때 그는 한 대신의 아들들에게 예禮를 가르치는 교사가 되기도 했다. 33세 때 공자는 주나라(고대 중국의 통일 국가)의 문물, 제도, 관습을 연구하기 위하여 주나라의 수도인 낙양으로 여행했다. 주나라는 그 당시 사실상 서로 싸우는 무수히 크고 작은 나라들로 갈라져 있었고, 그 수도인 낙양을 종교적인 중심지로 삼고 있었다. 34세 때 공자는 노공魯公을 따라 강력한 세력을 가지고 있었던 호족豪族들의 위협을 피하여 이웃나라로 도피하기도 했다. 그곳에서 그는 음악을 듣고 배웠으며, 그 음악에 열광하느라 식사마저 잊곤 했다. 귀국해서는 노나라에서 15년 동안이나 오직 공부만 하면서 지냈다.

51세 때 공자는 다시금 노나라의 관직에 등용되어 사법대신이 되었으며, 마침내는 제상이 되었다. 그의 행정 활동은 노공의 권력을 강화시켰다. 귀족계층이 극복되고 그들의 아성이 무너졌으며 나라는 번성했다. 외교 정책은 커다란 성과를 이루었다. 노나라의 이러한 비약적 발전에 불안해하던 한 이웃나라의 임금은 노공에게 음악과 무용이 잘 수련된 아름다운 처녀들과 화려하게 장식한 120필의 말을 선물로 보냈다. 노공은 이 선물들을 지나칠 만큼 즐긴 나머지 정사政事를 소홀히 다루고 말았다. 노공은 더 이상 공자의 말을 듣지 않았다. 공자는 4년 동안의 화려한 활동을 뒤로하고 관직을 떠났다. 그는 언젠가 다시금 관직에의 부름을 받으리라는 희망을 품고 외국으로 유세 여행을 떠났다.

그 이후 그에게는 56세부터 68세까지 12년 동안의 편력 시대가 뒤따랐다. 그는 자기의 학설을 정치적으로 실현하기 위해 이 나라에서 저 나라로 떠돌아다녔다. 일시적인 희망, 다시금 찾아드는 침울, 모험과 뜻하지 않은 봉변 등이 그의 신세였다. 이 편력 기간에 공자의 신상에 일어난 여러 가지 이야깃거리가 전해지고 있다. 즉 제자들이 그를 수행하면서 주의를 환기하기도 하고 위로했던 이야기, 그가 강요된 서약을 파기했다는 이야기, 위나라 임금이 남자南著라는 악평이 자자한 그의 부인과 함께 수레를 타고 저잣거리를 지나면서 공자를 다른 수레에 태워 뒤따르게 했을 때 백성들이 "호색好色이 앞서 가고 덕이 뒤따르도다"라고 조롱했다는 이야기 등이 그것이다. 이 때문에 한 제자는 스승을 비난한다. 결국 공자는 이 나라마저 떠나 버린다.

그가 마침내 68세의 노인으로서 아무런 성과도 없이 고국으로 돌아왔을 때 그는 오랜 세월에 걸쳐 구주를 떠돌아다녔지만 결국은 아무런 목표도 자기에게 눈짓해 주지 않는다는 의미의 시詩, 즉 "인간들은 분별없고 해는 빨리 지나가는구나"라는 시를 읊으면서 탄식했다.

공자는 자기의 만년을 노나라에서 고요히 보냈다. 그는 어떤 관직도 받아들이지 않았다. 그의 마음속에서 하나의 심각한 변화가 일어났을 것 같다. 일찍이 한 은자가 공자에 대하여 다음과 같이 말한 바 있다.

그는 일이 안 되는 줄 알면서도 그래도 일을 계속해서 하기를 마지않는 그런 사람이 아닌가?

야스퍼스는 공자의 위대함은 진실로 평생 동안 바로 그렇게 행동하는 데 있었다고 주장한다.

여하튼 공자는 죽음에 임박하여 모든 것을 단념했다. 그는 신비스러운 『역경』을 연구했고, 문헌상으로는 전승되는 저서들의 편찬을 통하여, 그리고 실천상으로는 한 무리의 제자들을 위한 교육 활동을 통하여 새로운 교육의 토대를 계획적으로 기초 세우는 일을 완성했다.

어느 날 아침 공자는 죽음이 다가왔음을 느꼈다. 그는 뜰을 거닐면서 다음과 같은 말들을 혼자 중얼거렸다.

태산이 무너지고 강고한 대들보가 부러지니 철인도 초목처럼 사라지느니라.

스승을 염려한 한 제자가 찾아뵈옵기를 청하자 그는 다음과 같이 말했다.

천하가 어지러워진 지 오래이다. 능히 나를 스승으로 추대하는 임금이 없구나.

그는 자리에 누운 지 8일 만에 향년 73세로 죽었다.

2) 공자의 근본 사상

공자는 춘추전국의 시대적 상황에서 자기들의 정치적 자문으로 세상을 구제하고자 한 그 당시의 많은 철인 가운데 한 사람이었다고 야스퍼스는 말한다.

야스퍼스에 의하면 그 당시의 시대적 상황에서 등장한 모든 철인에게 있어 세상을 구제하는 길은 지식이었지만, 공자에게 그 길은 특히 고대 문화에 대한 지식이었다. 따라서 공자는 고대 문화의 소리를 고지했다.

공자는 이 고대 문화에 영원한 사상들이 들어 있다고 생각했다. 그러므로 그는 특히 당시의 어두운 시대에서 이 영원한 사상들을 통해 자기의 뜻을 실현함으로써 이 영원한 사상들을 새로이 빛나게 하고자 했다.

그러나 영원한 진리에의 완결성을 향하는 이러한 지향은 옛것을 동화시키는 방식에 의해서 하나의 역동성을 그 자체 속에 담지하고 있다. 이 지향은 실제로는 완결로 끝날 수 없고 앞을 향해서 촉진적으로 작용한다. 공자는 폭력 행사의 독점에 의해서 힘으로 존재하는 것이 아닌 그런 엄청난 권위 문제의 산 해결을 가져다준다. 어떻게 하여 새로운 것이 영원한 타당성의 원천에서 사실상 전통과 일치하는 가운데 인간의 현존재의 실체가 되는가 하는 것이 여기서 역사상 처음으로 하나의 위대한 철학을 통하여 자각되고 있다. 즉 개방적인 관용에 의해서 마음을 움직이는 보수적인 삶의 형식이 자각되고 있다.

만일 참(진실한 것)이 과거에 명백하게 드러나 있었다면 참에의 길은 이러한 과거에의 탐구이지만, 이 탐구는 과거 그 자체에 있어서의 참과 거짓의 구별을 수반한다. 길은 무엇에 대한 단순한 앎으로서의 배움이 아니고, 자기화로서의 배움이다. 이미 현존하는 진리는 야스퍼스에 의하면 암기하여 배우는 것이 아니고, 내적인 동시에 외적으로도 실현되어야 한다.

이러한 진정한 배움의 실마리는 책과 학교의 현존이다. 야스퍼스는 공자야말로 고문서, 원전, 시가, 신화, 도덕 및 관습에 있어서의 규칙들을 진리와 효과의 척도에 따라서 취사선택하고 정리함으로써 책들을 저작했다. 야스퍼스에 의하면 공자는 학교의 기초를, 즉 우선 자기의 사설 학교를 통해서 교육의 기초를 정초하였다. 이 사설 학교에서 청소년들은 장래의 정치가가 되게끔 교육받도록 되어 있었다는 것이다.

야스퍼스는 이 사설 학교에서는 배움과 가르침의 방식이 근본 문제였다고 지적한다. 공자가 이해하고 있는 배움이란 도덕적 삶을 전제로 하지 않고는 달성될 수 없다. 청소년은 양친과 형제들을 사랑하지 않으면 안 된다. 청소년은 성실하고 면밀해야 한다. 그릇되게 결정하는 사람은 본질적인 것을 맞히지 못한다.

도덕적 품행에 있어 학생은 육예六礼, 즉 예礼, 악樂, 사射, 어御, 서書, 수數를 습득해야 한다. 이처럼 육예의 습득을 기초로 함으로써 비로소 문학적인 공부가 성공을 거둔다. 의미심장한 공부는 여러 가지 곤란을 알며, 결코 그치지 않는 분투에서 다양한 곤란을 견디어 낸다. 배움을 좋아하는 자는 자기에게 무엇이 부족한가를 매일매일 안다. 그는 자기가 할 수 있는 것을 잊지 않는다. 왜냐하면 그는 부단히 자기 자신을 변명하기 때문이다. 배움에의 길은 어렵다.

함께 배울 수는 있어도 그렇다고 하여 함께 진리에로 나아갈 수는 없으며, 함께 진리에 나아갈 수 있어도, 아직 진리에 함께 서지는 못하며, 또 진리에 함께 선다고 할지라도 아직 진리를 개개의 경우에 저울질할 수는 없다(『자한편』).

그러므로 청소년은 마치 목표에는 도달할 수 없는 것처럼 그리고 목표를 상실해 버릴까 봐 두려워해야만 하는 것처럼 그런 태도로 배우지 않으면 안 된다.

야스퍼스는 배움과 관련한 공자의 생각들을 이 책에서 다음과 같이 정리하여 제시하고 있다.

무엇을 배우고자 분발하지 않는 사람에게 나는 나의 가르침을 베풀지 않는다. 현실적으로 자기를 표현하고자 노력하지 않는 사람에게 나는 도움을 주지 않는다. 내가 한 모퉁이를 나타내 보일 경우 자기 스스로 다른 세 모퉁이를 추리해서 깨닫지 못하는 자에게 나는 더 이상 설명하지 않는다(「술이편」).

그러나 야스퍼스는 확증의 방식이 즉시적인 답변에 있지 않다고 말한다.

나는 회回와 더불어 온종일 이야기를 나누었다. 그는 바보처럼 아무런 대답이 없었다. 나는 홀로 있을 때의 그를 살펴보았다. 그때 그는 나의 가르침을 발전시킬 수가 있었다. 그는 바보가 아니다(「위정편」).

야스퍼스는 공자는 지나치게 칭찬하지 않는다고 말한다.

내가 누구를 칭찬할 때에는 그를 시험해 보았기 때문에 칭찬한다.

야스퍼스는 공자의 공부와 배움의 태도를 『논어』에서 추출하여 다음과 같이 요약·기술한다.

나는 태어나면서 안 것이 아니라 옛것을 좋아하여 재빨리 지知를 구하는 사람이다(「술이편」).

세 사람이 함께 가면 반드시 나의 스승이 있기 마련이다. 그것은 착한 사람을 가려 그 행동을 따르고 나쁜 사람을 가려 피하는 까닭이다(「술이편」).

그에게는 근원적인 지가 거부된다.

많은 것을 듣고 그중에서 선한 것을 가려 그것을 따르고 많은 것을 보고서 그것을 인지하는 것, 그것은 적어도 지혜 다음으로 소중한 것이다(「술이편」).

야스퍼스의 해석에 의하면 공자에 있어 공부의 진보는 그의 생애 내내 서서히 실현되었다.

나는 열다섯에 학문에 뜻을 두었고, 서른에 생각이 바로 섰고 마흔에는 불혹이었고, 쉰에는 천명을 알게 되었고 예순에는 귀가 열렸고, 일흔에는 하고 싶은 대로 해도 법도를 넘는 일이 없었다(「위정편」).

야스퍼스는 공자에 있어 모든 배움의 뜻이란 실천에 있다고 말한다.

어떤 사람이 시 3백 수를 암송할 수 있다고 하더라도 국정을 맡았을 경우 그리고 외국에 사절로 보내졌을 경우 자기의 임무를 수행할 수 없거나 담판할 수 없다고 하면 비록 많이 외우고 있은들 무슨 소용에 닿으랴(「자로편」).

야스퍼스는 공자에 있어 배움 가운데 중요한 것은 내적인 형성이라고 주장한다.

너희들은 왜 시를 배우지 않느냐. 지知에 의해서 우리는 마음을 고무시킬 수 있고 시에 의해서 사람은 자기 자신을 음미할 수 있고, 시에 의해서 사람들과 사귈 줄 알게 되며, 시에 의해서 미워할 줄 알게 되고, 안으로는 부모를 섬기고 밖으로는 임금을 섬길 줄 알게 된다 … (「위정편」).

야스퍼스에 의하면 공자에게 배움이 없다면 다른 모든 덕은 곧 애매모호해지고 타락한다. 배움 없이는 정직은 조야粗野로 변하고 용기는 불순종으로 변하고 확고함은 변덕으로 변하고, 인간 다움은 무지로 변하고 지혜는 방심으로 변하고 진실됨은 퇴폐로 변한다.

야스퍼스는 이 철학의 새로움이 어떻게 옛것의 형태로 표명되는가 하는 것이 이제 공자의 철학으로서 좀 더 상세하게 설명되어야 한다고 말한다.

첫째, 도덕적 정치적 기풍과 '군자君子, der Edle'의 이상 가운데 우뚝 서 있는 에토스로서 정상Gipfel이 분명히 드러나야 한다.

둘째, 지배적인 근본지支配的인 根本知, das beherrsche Grundwissen의 사상이 드러나야 한다.

셋째, 이러한 사상 세계의 아름다운 완성이 공자의 한계의식을 통해서, 즉 교육과 전달 가능성의 한계, 인식의 한계에 관한 지를 통해서, 자기 자신의 좌절의지를 통해서 그리고 그의 전작에 대해 문제를 제기하는 동시에 그 전작을 지탱하기도 하는 그러한 것에의 감지를 통해서 어떻게 부동상태浮動狀態, die Schwebe에 놓이게 되었는가가 분명히 드러나야 할 것이다.

3) 공자의 도덕적 정치적 에토스
야스퍼스에 의하면 공자에게 있어 도덕과 음악은 가장 근본적인 것이다. 인간의 타고난 본성을 근절시키지 않고 그것을 형성하는 것은 중요하다. 특히 공자에게 있어 도덕적 정치적 에토스는 인간 상호 간의 관계와 통치에서 실현된다. 이 에토스는 군자의 이상으로서 개체적 인간의 형상에서 가시적이 된다.

질서는 도덕에 의해서, 즉 예(예의범절)에 의해서 유지된다.

백성은 지에 의해서가 아니라, 예에 의해서만 지도될 수 있다.

(1) 예

야스퍼스에 의하면 공자에게 있어 예는 모든 생존 영역에서 온당한 정서를 야기하는 형식이고 사상事象에의 진지한 관여이고 신뢰이면서 존경이다. 예는 일반적인 것에 의해서 인간을 지도하며, 이 일반적인 것은 교육에 의해서 획득되고 제2의 본성이 된다. 그러므로 일반적인 것이 강제로서가 아니라 자기 고유한 본질로서 발견되고 존속된다. 형식들이 개인에게 확고함, 안전 그리고 자유를 준다.

공자는 예를 그 전체성에서 자각하고 또 그것을 관찰하고, 수집하고, 표명하고 정돈했다. 그는 전 세계를 중국의 도덕을 통해서 파악하고자 했다. 특수한 상황에 맞는 걸음걸이, 올바른 인사,

올바른 사귐을 제시하고, 축제, 희생, 제사 등의 양식을 제시하였으며 결혼, 출생, 사망, 장례에서의 의식을 선포하고, 행정의 원칙, 노동, 전쟁, 주야, 계절, 가족, 손님 대접 등의 질서, 가장家長 및 제관祭官의 직능을 제시했다. 그러나 그는 예를 절대적인 성격을 가진 것으로는 생각하지 않았다.

야스퍼스는 공자가 예에 관하여 말하고 있는 조각글들을 모아서 다음과 같이 정리하고 있다.

극기복례克己復禮한 자가 인간이 된다. … 군자는 정의를 실행함에 있어 예에 의하여 지도받는다. … 내실이 무거운 자는 조야하고 형식이 무거운 자는 문약文弱하다(「옹야편」).

인仁하지 못한 사람에게 예가 무슨 도움이 되겠는가. … 높은 자리에 있으면서 관용의 덕을 지니지 못하고 의식을 거행하면서 관용의 덕을 지니지 못하고 경건한 마음이 결여되며 장례식에 임석하여 애도의 정이 없는 이런 사람을 내 차마 어찌 보겠는가(「팔일편」).

야스퍼스에 의하면 공자는 예와 근원성 간의 균형이 필요함을 역설하면서 동시에 양측을 균등하게 강조한다.

너희들 가운데 선배들은 예·악에 있어 촌사람이고 후배들은
예·악에 있어 세련된 사람이다. 그러나 이것을 실행하는 단계에
가게 되면 나는 선배들 쪽을 따르겠다(「선진편」).

야스퍼스는 공자의 사상에 있어 관습, 도덕 그리고 법은 아직
구별되어 있지 않다고 주장한다. 그러면서도 공자는 더욱 분명하
게 그것들의 공통한 뿌리를 들여다보고 있다고 주장하기도 한다.

(2) 음악

야스퍼스에 의하면 공자는 예와 마찬가지로 음악을 교육에 있
어 가장 중요한 부분으로 생각했다. 공동체의 정신도 음악에 의
해서 규정된다는 것이다. 개인의 정신도 이 음악에 있어 자기의
삶을 정돈하는 동기를 발견한다. 그러므로 정치는 음악을 조장
하기도 하고 금지하기도 하지 않으면 안 된다.

공자는 『예기礼記』에서 음악에 대한 자기의 입장을 다음과 같이
천명하고 있다.

음악을 이해하는 자는 예의 비밀에 통달한다. … 최고의 음악은 항상 평이하고 최고의 예는 항상 단순하다. 최고의 음악은 원한을 제거하고 최고의 예는 싸움을 제거한다. … 예와 음악은 가시성을 지배하고 신령은 불가시성을 지배한다. … 문란한 음악과 백성은 기율이 없고 방종적인 쾌락의 힘이 흥기하게 되며 고요한 조화의 정신력을 전멸시킨다. … 송가頌歌의 음조를 들을 때는 기분과 뜻이 넓어진다.

그러나 음악도 예와 마찬가지로 그 자체로 절대적이다.

사람이 불인不仁하면 음악은 배워서 무엇하겠는가(「팔일편」).

(3) 사람들과의 상호 소통

야스퍼스에게 너와 나 사이의 실존적 상호 소통은 인간의 본래적 자기로서 실존의 구현을 가능하게 하는 계기이다. 야스퍼스는 자기의 이러한 실존적 상호 소통을 공자의 상호 소통에서도 마찬가지로 보고 있다. 그는 공자에 있어서 사람들과의 상호 소통이 삶의 근본 요소라고 말한다.

군자는 자기의 이웃을 소홀히 하지 않는다.

그러나 사람과의 상호 소통에 있어 모든 사람은 선인과 악인에 직면한다. 이러한 경우에 공자는 "너와 동등하지 않은 친구를 사귀지 말라"고 충고하면서도 다음과 같은 견해에 대해서는 반대한다.

상호 소통할 만한 가치가 있는 사람들과는 우정을 맺고 상호 소통할 만한 가치가 없는 사람들은 멀리하라.

이와는 반대로 공자는 "군자는 위엄 있는 자를 존경하고 모든 것을 참는다"라고 말한다. 그러나 모든 사람과의 사귐에 있어 군자는 신중하다. 군자는 강요당할지 모르나 속이지는 않는다. 군자는 인간이 가지고 있는 아름다운 점을 조장하고 소인小人, der Gemeine은 아름답지 못한 점을 조장한다. 그러므로 공동적인 삶을 사는 인간들의 정신은 아름다운 쪽으로 성장하기도 하고 아름답지 못한 쪽으로 성장하기도 한다.

한곳을 아름답게 하는 것은 그곳을 지배하는 인이다. 인한 사람을 선택하여 인에 처處하지 않는다면 어찌 지혜롭다고 말할 수 있겠는가(「이인편」).

야스퍼스는 공자에 있어 인간관계, 즉 상호 소통은 다음과 같은 근본관계에서 변화한다고 주장한다.

나는 노인들에게는 평안을 주고자 하고, 벗에게는 신뢰를 얻고자 하고, 젊은이에게는 부드러운 정으로 대하고자 한다(「공야장편」).

(4) 부모에 대한 올바른 태도

부모가 살아 계실 때는 부모를 예로써 섬기고 부모가 돌아가신 다음에는 예로써 장사 지내고 그런 다음에 예로써 제사를 지낸다(「위정편」).

부모를 봉양하는 것만으로는 부족하다. 부모에게 공경하는 바가 없다면 짐승과 다를 바가 없다. 부모가 잘못한 것같이 생각될 경우에 자기의 생각을 말해야 하지만 어디까지나 공경하는 태도로 말해야 하며, 그리고 나서 부모의 뜻에 따라야 한다. 자식은 아버지의 잘못을 덮어 줄 줄 알아야 한다.

벗에 대해서. 너는 적어도 너 자신만큼 선하지 못한 그런 벗을 가져서는 안 된다. 벗에 대한 상호 소통의 방법은 성실이다. 벗 상호 간에는 서로 진실하게 훈계하고 바르게 이끌어 주지 않으면 안 된다. 벗이 상호 간에 결속하고 결속하지 않고 하는 것은 벗 서로에게 책임이 있다.

함께 말할 수 있는데도 함께 말하지 않는 것은 사람을 잃는 것이고 함께 말할 수 없는데도 함께 말하는 것은 말을 잃는 것이 된다 (「위령편」).

아첨, 마음을 사로잡는 표정, 과장된 예의는 거짓이고 자기의 혐오를 감추고 벗으로 행세하는 것은 거짓이다. 벗은 서로 신뢰할 수 있어야 한다.

찬 겨울이 오고 난 이후에 소나무와 잣나무가 느지막하게 시드는 줄을 알 것이다(「자한편」).

(5) 정부에 대해서

훌륭한 관리는 군주를 올바르게 섬긴다. 그것이 불가능하면 그
는 물러난다. 훌륭한 관리는 군주를 속이지 않지만, 공공연하게
반대하고 간언하는 것을 삼가지 않는다.

나라에 올바른 정치가 시행되고 있을 때 훌륭한 관리는 대담하
게 행동하고 대담하게 말할 수 있다. 나라에 올바른 정치가 시행
되고 있지 않을 때는 대담하게 행동하되 조심스럽게 말해야 한다
(「헌문편」).

(6) 통 치

야스퍼스에 의하면 공자는 정치적 통치를 인간의 삶과 관련지
었고 동시에 그것을 인간 삶의 중심으로 간주했다. 야스퍼스가
본 공자에 있어 선정은 예와 올바른 음악에 의해서, 즉 인간의 상
호 소통의 방식에 의해서 행복한 공동생활로서 특정되는 상태에
서만 가능하다. 이러한 상태는 자연적으로 성장해야 한다. 그러
나 이러한 상태는 만들어 낼 수는 없다고 하더라도 그것을 촉진
하거나 방해할 수는 있다.

통치는 법이다. 그러나 공자는 법이란 제한된 범위에서만 효과가 있을 뿐이라고 주장한다. 실제에 있어서는 법으로 통치하는 것보다 모범으로 통치하는 것이 바람직하다고 공자는 말한다. 왜냐하면 법으로 통치하는 곳에서는 백성이 부끄러움 없이 형벌을 피하고자 할 것이기 때문이다. 이와 반대로 모범으로 통치하는 곳에서는 백성은 부끄러움을 느끼고 개선될 것이다. 법에만 호소할 경우에는 이미 그 어떤 것도 질서 가운데 있지 않다.

소송 사건에 솔깃해하면 나는 누구보다도 더 나을 것이 없다. 그러나 나에게 관심이 되는 것은 아무런 소송 사건도 일어나지 않도록 하는 일이다(「안연편」).

공자가 말하는 올바른 통치는 야스퍼스의 해석에 의하면 세 가지 목적, 즉 충분한 양식, 충분한 국방력 그리고 통치에 대한 백성의 신뢰를 위해서 진력하는 데 있다. 만일 이 세 가지 목적 가운데 한 가지를 포기해야 한다면 제일 먼저 국방력을 포기할 수 있으며, 그다음으로 양식을 포기할 수 있지만, 그러나 결코 백성의 신뢰만은 포기할 수 없다. 야스퍼스가 진단한 공자의 근본 생각은 그럴 수밖에 없는 것으로 확인된다.

백성이 신뢰를 가지고 있지 않다면 통치는 결국 불가능하다.

신뢰란 일반적으로 요구될 수 없고 자발적으로 성장하도록 마련되어야 한다. 그러므로 정부가 계획적으로 할 수 있는 가장 중요한 것은 첫째 "백성을 잘 살게 하는 것"이고, 둘째 "백성을 교화시키는 것"이다.

공자는 선정善政을 위해서는 선한 군주가 필요하다고 말한다. 선한 군주는 풍요한 자원을 개발한다. 선한 군주는 교만하지 않고 고상하다. 즉 군주는 사람들을 그 수의 많고 적음에 관계없이, 그리고 큰 사람이건 작은 사람이건 간에 경멸적으로 대하지 않는다. 군주는 외경의 염을 불러일으키지만 격렬하지는 않다. 북두칠성과도 같이 선한 군주는 고요히 자세를 가다듬고 모든 것으로 하여금 자기 주위에서 질서정연하게 움직이게 한다. 선한 군주 자신이 선을 의지하기 때문에 백성 또한 선하게 된다.

야스퍼스는 이와 관련한 공자의 조각글을 『논어』에서 발췌하여 인용하고 있다.

윗사람들이 선한 관습을 좋아하면 백성은 다루기가 쉬워진다.
… 윗사람의 자세가 바르면 명령을 내리지 않더라도 행해지기 마

련이다(「자로편」).

선한 군주는 올바른 관리를 선택할 줄 안다. 그는 자기 자신이
품위 있기 때문에 품위 있는 사람을 장려한다. 야스퍼스는 이와
관련하여 다음과 같은 조각글을 인용하고 있다.

정직한 사람을 기용하여 비뚤어진 사람 위에 놓으면 비뚤어진 사
람이 정직하게 된다(「안연편」).

야스퍼스는 통치 방식에 관한 공자의 광범한 말은 수없이 많다
고 지적한다. 그것은 그의 입장을 따르면 아주 일반적인 도덕적
지시이다.

무엇이든지 지나치게 빨리 서두른다면 아무것도 달성하지 못하
고 적은 이익을 탐하면 큰일을 이루지 못한다(「자로편」).

이 모든 반성 속에서 공자는 군주에 의하여 발탁되어 그를 섬
기며 군주의 동의와 이해로써 사물의 진행을 조종하는 그러한
정치가를 생각하고 있다. 위대한 정치가는 도덕적 정치적 상태

전반을 회복하고 회고하는 데서 자기 자신을 드러내 보인다.

야스퍼스는 이러한 상태 전반을 개선시켜 나간다는 의미에서
역사적 현실에의 관여를 위해 공자는 두 가지 원칙을 제시한다
고 말한다.

첫째, 유능한 사람이 적소에 있지 않으면 안 된다.

비록 한 인간이 왕위를 차지하고 있다고 하더라도 필요한 덕을
갖추고 있지 못하다면 감히 문화의 변혁을 도모해서는 안 된다.
마찬가지로 비록 덕을 갖추고 있다고 하더라도 최고의 권위를
가지고 있지 않다면 역시 감히 문화의 변혁을 도모할 수가 없다
(『중용』).

둘째, 공적인 관계들은 어떤 활동이 일반적으로 가능한 그런
성질의 것이 아니면 안 된다. 야스퍼스는 소인들의 득세로 말미
암아 이성적 효과적 행동에의 기회가 전혀 발견될 수 없는 그런
세상에서 진정한 정치가는 숨는 법이라고 역설한다. 그는 때를
기다린다. 그는 악인과 함께 일하는 데 가담하지 않으며 저급한
사람과 공동 관계를 맺기를 원하지 않는다. 야스퍼스의 논평에
의하면 이러한 원칙들로서는 플라톤 사상 가운데 다음과 같은

것이 있다. 즉 인간의 상황은 철인이 왕이 되든지 왕이 철인이 되든지 하지 않는 한 결코 나아지지 않는다.

그러므로 공자는 생애 내내 자기의 정신의 힘을 빌려줄 수 있는 군주를 찾았다. 그러나 야스퍼스는 그것이 허사였다고 단정하기도 한다.

(7) 군 자

야스퍼스는 군자의 이상 가운데서 진선미를 본다. 군자의 이상 가운데는 고귀한 인간에 대한 생각이 사회학적 계급이 높은 지위에 있는 사람과 통일되어 있으며, 출생상의 귀족과 본질상의 귀족이 통일되어 있고 젠틀맨(신사)의 행동거지와 현인의 마음 상태가 통일되어 있다.

야스퍼스의 해석에 의하면 군자는 결코 성인이 아니다. 성인은 타고나며 자기인 바의 것대로 존재한다. 군자는 자기교육을 통해서 비로소 형성된다.

성誠은 하늘의 도이고 성을 구하는 것은 사람의 도이다. 성을 구하는 사람은 노력하지 않고 적중하며 생각하지 않고 성과를 얻는다(『중용』).

야스퍼스의 해석에 의하면 성을 구하는 사람은 선을 선택하고 그것을 고수한다. 그는 연구하고 비판적으로 물음을 묻는다. 그는 선에 대하여 신중하게 사유하고 그것에 따라 단호하게 행동한다.

다른 사람이 그것을 아마 한 번에 할 수 있다면 나는 그것을 열 번 하지 않으면 안 되며, 다른 사람이 그것을 열 번 만에 할 수 있다면 나는 그것을 천 번 하지 않으면 안 된다. 그러나 이 길을 가고자 하는 불굴의 뜻을 현실적으로 가지고 있는 사람은 아무리 바보스럽다고 하더라도 명철하게 될 것이며 아무리 약하다고 하더라도 강하게 될 것이다(『중용』).

야스퍼스는 공자가 말하는 군자의 성격, 사유 방식, 태도가 함유하고 있는 특징들을 다음과 같이 분석하고 있다.

군자는 소인과 대조된다. 군자는 의義, Gerechtigkeit에 밝고 소인은 이利, Profit에 밝다. 군자는 침착ruhig하고 태연gelassen하며, 소인은 항상 불안Angst에 차 있다. 군자는 화和하되 동同하지 않으며, 소인은 동하되 화하지 않는다(Der Edle ist verträglich, ohne sich gemein zu machen, der Gemeine macht sich mit aller Welt gemein, ohne verträglich zu sein).

군자는 위엄이 있지만, 교만하지 않고 소인은 교만하되 위엄이 없다(Der Edle ist würdevoll ohne Hochmut, der Gemeine hochmütig ohne Würde).

군자는 곤궁 가운데서도 확고하며 소인은 곤궁 가운데서 상규常規를 벗어난다(Der Edle bleibt fest in der Not, der Gemeine gerät in Not außer Rand und Band).

군자는 모든 것을 자기 자신에게서 찾고 소인은 모든 것을 다른 사람에게서 찾는다. 군자는 상달上達하고 소인은 하달下達한다(Den Edlen zieht es nach oben, den Gemeinen nach unten).

군자는 독립적unabhängig이다. 군자는 오랜 행복처럼 오랜 불편을 참고 견디며 공포로부터 벗어나서 산다. 군자는 자기 자신의 무능을 탓하지, 다른 사람들이 자기를 알아 주지 않는 것을 탓하지 않는다.

군자는 자기 자신을 올바르게 만들고 다른 사람에게 아무것도 요구하지 않는다. 군자는 위로는 하늘을 원망하지 않으며 아래로는 인간을 원망하지 않는다.

군자는 느릿느릿하게 말하고 민첩하게 행동하기를 좋아한다. 군자는 행위보다 말이 앞서는 것을 싫어한다. 군자는 먼저 행하고 다음에 말하는 것을 옳다고 생각한다.

군자는 천명die Bestimmung des Himmels을 외경Ehrfurcht하고 대인großen Männern을 외경한다. 군자는 멀리 있는 것이나 부재不在한 것에 사로잡힘으로써 자기를 상실하는 일이 없다. 군자는 지금 여기에, 즉 현실적 상황 속에서 모든 것을 다루어 나간다.

군자의 길은 머나먼 여행과도 같다. 언제나 가까운 데서 시작하지 않으면 안 된다(『중용』).

나라에 도가 있으면 군자는 평소의 자기 자신인 바대로 한결같이 존재한다. 나라에 도가 없으면 죽음에 이르도록 변하지 않는다(『중용』).

모든 일에 있어 군자는 언제나 한결같이 자기 자신으로 일관한다.

4) 근본지

야스퍼스가 지금까지 서술한 것은 공자와 관계에 있는 저서들

(경서들)에서 격언 형식의 지혜를 뜻하는 도덕적 정치적 에토스로서 전달된 것을 모은 것이다. 그러나 야스퍼스는 이러한 지혜는 하나의 개념적 성격을 가지고 있는 근본 사상에 의하여 관통되고 있다고 말한다.

(1) 위대한 양자택일

야스퍼스는 공자 자신이 이 세상에서 은퇴하여 고독하게 사느냐 아니면 이 세상 사람들과 함께 어울려 세상을 새롭게 만들어 보느냐 하는 양자택일 앞에 서 있음을 알고 있다고 서술한다. 공자의 결단은 명백하다.

사람은 새나 짐승과 함께 무리를 지어 살 수는 없다. 내가 사람들과 더불어 있고자 하지 않는다면 도대체 누구와 더불어 있는단 말인가?(「미자편」).

야스퍼스에 의하면 어지러운 시대에는 은둔하여 자기의 개인적인 구원을 염려하는 일 이외에 아무것도 중요하지 않은 것같이 생각된다. 야스퍼스는 이와 같은 은자에 대한 공자의 말을 논어에서 발췌하여 다음과 같이 인용하고 있다.

은퇴하여 살면서 마음 내키는 대로 말했으나 몸가짐이 깨끗했고 그때마다 사정에 상응하여 시의적절하게 세상을 버렸다. 나는 그들과는 다르다. 나에게는 사정에 따라서 가능하다고 할 수도 없고 불가능하다고 할 수도 없다(「미자편」).

야스퍼스는 자기의 근본지를 두드러지게 드러내는 공자의 근본 사상이 인간과 인간세계를 향하는 가운데 전개되고 있다고 주장한다. 그는 이러한 주장을 구체적으로 다음과 같이 요약하여 서술하고 있다.

첫째, 공자의 근본 사상은 인간의 본성과 공동체 질서의 필요성을 지향한다.

둘째, 공자의 근본 사상은 어떻게 하여 진리가 언어 가운데 존재하는가라는 물음을 지향한다.

셋째, 공자의 근본 사상은 진리가 그 근원과 지엽에 있어 존재한다는, 즉 진리가 근원의 무제약성과 현상의 상대성에 있어 존재한다는 우리의 사유의 근본 형식을 지향한다.

넷째, 공자의 근본 사상은 일체를 포섭하면서 일체가 관계를 맺는 일자-者를 지향한다. 언제나 인간과 인간의 공동체는 공자의 본질적인 관심사이다.

(2) 인간의 본성

야스퍼스에 의하면 공자에 있어 인간의 본성은 인仁이다. 인은 인간성이면서 도덕성이다. '仁'이라는 글자는 사람(人)과 둘(二)을 의미한다. 다시 말해서 '仁'이라는 글자는 인간이란 상호 소통하는 가운데 존재한다는 것을 의미한다. 인간의 본성에 대한 물음은 첫째로 인간은 무엇이며 동시에 인간은 무엇이어야 하는가라는 본질을 개명開明하는 가운데 그 답을 발견한다. 둘째로 그 물음은 인간의 현존재의 다양성을 서술하는 가운데 그 답을 발견한다.

야스퍼스의 논평에 의하면 첫째, 인간은 반드시 인간이 되어야 한다. 왜냐하면 인간은 주어진 그대로 존재하는, 말하자면 사유하는 의식 없이 본능에 따라서 자기의 생존을 유지시켜 나가는 그런 짐승과는 다르기 때문이다. 인간은 오히려 자기 자신에 있어서의 과제이다. 그러므로 인간은 짐승과 동거하는 데서는 자기의 존재의미를 발견하지 못한다. 짐승들은 우연히 모여 아무런 생각 없이 서로 결합하여 살거나 또는 헤어져 산다. 인간은 자기의 공동체를 형성하고, 일체의 본능을 넘어서서 인간적으로 결속하여 상호 협동의 삶을 영위한다.

인간 존재는 모든 일정한 선으로부터 제약을 받는다. 인 가운데 존재하는 자만이 진실로 사랑할 수도 있고 미워할 수도 있다. 인은 모든 덕들 가운데 하나의 덕이 아니라, 오히려 모든 덕을 포괄하는 그런 덕이다. 요컨대 인은 모든 덕의 혼魂이다.

인은 모든 특별한 현상에 있어, 즉 경건, 지혜, 배움 그리고 정의에 있어 드러난다. 공자는 군주를 위해서 인간성의 다섯 가지 속성을 제시하고 있다.

첫째, 위엄. 군주가 위엄을 가지고 있으면 군주는 경멸당하지 않는다.

둘째, 관대. 군주가 관대하면 군주는 많은 사람을 얻는다.

셋째, 진실. 군주가 진실하면 군주는 신뢰를 얻는다.

넷째, 열정. 군주가 열정을 가지고 있으면 성과를 거둔다.

다섯째, 인자仁慈. 군주가 인자하면 족히 사람들을 쓸 수 있다(「양화편」).

야스퍼스는 공자의 인은 포괄적인 근원이라고 규정한다. 공자에게 모든 유능, 규범, 바름은 저 근원에서 비로소 진리가 된다. 이 근원에서 목적을 초월한 무제약적인 것이 나온다.

인한 자는 어려운 일을 먼저 하고 보수를 무시한다.

야스퍼스는 공자에게 인에 따라서 행동한다는 것이란 어떤 특정한 법칙에 따라 행동하는 것이 아니고 모든 일정한 법칙에 비로소 가치를 부여하는 절대적인 것을 따른다는 것을 의미한다고 주장한다. 야스퍼스는 인의 특성이란 규정 불가능하지만, 그것을 중용中庸, Maß und Mitte이라고 부르는 것 가운데서 본다. 중용은 인간 본성의 정점이다. 중용은 내면으로부터 외면(밖)을 지향하여 작용한다.

희로애락喜怒哀樂, Hoffnung und Zorn, Trauer und Freude이 발동하지 않는 상태를 중中, Mitte이라고 한다(『중용』).

가장 내면적인 것이 드러나고, 그러나 여기 근원에 있어 모든 것이 결정되기 때문에 중용과 관계해서 최대의 성실성이 요구된다.

가장 은밀한 것보다 더 잘 드러나는 것은 없고 가장 잘 숨겨진 것보다 더 명료한 것은 없다. 그러므로 군자는 홀로 있을 때 모든 일을 삼간다(『중용』).

야스퍼스는 공자가 양극단 간의 중간자中間者의 사상을 통해서만 이 현묘한 중中을 해석하는 데 성공하고 있다고 말한다.

예컨대 순舜은 한 사물의 양쪽 끝을 잡아서 그것의 중을 백성들에게 적용했다(『중용』).

둘째, 인간이란 무엇인가란 인간 존재의 다양성에서 드러난다. 인간의 본질(仁)이라는 것 때문에 인간들은 서로 비슷하다. 그러나 인간들은 습관에 의해서 서로 멀어진다. 더욱이 개체적인 인간으로서 인간들은 특수성, 연령, 성품과 지知의 단계에 의해서 서로 멀어진다.

연령의 차이에 대해서 공자는 다음과 같이 말하고 있다.

군자가 경계해야 할 것이 세 가지 있다. 즉 젊었을 때는 혈기가 안정되어 있지 않아서 여색을 경계해야 하고, 장년기에는 혈기가 왕성한 까닭에 투쟁을 경계해야 하고, 노년기에는 혈기가 쇠퇴해지는 까닭에 탐욕을 경계해야 한다(『계씨편』).

야스퍼스에 의하면 공자는 청소년 앞에서는 두려움을 가져야 한다고 말한다.

사람이 나이 40, 50이 되어도 그의 학덕에 관해서 아무런 소문도 들리지 않는다면 그는 가히 두려워할 존재는 못 된다(「자한편」).

나이 40에 미움을 사면 죽을 때까지 그렇게 되고 만다(「미자편」).

공자는 인간의 성품을 네 단계로 구별하고 있다. 최고의 단계로서 첫째 단계는 나면서부터 지知를 소유하고 있는 성인들을 포함한다(生而知之). 공자는 이러한 성인을 한 사람도 보지 못했지만, 태고시대에는 이런 성인들이 실존해 있었음을 의심하지 않는다.

둘째 단계는 배움을 통해서 비로소 지를 소유하게 되는 사람들의 단계이다(學而知之). 이러한 사람들은 군자가 될 수 있다.

셋째 단계에 속하는 사람들은 배우는 데 어렵지만, 배우는 것을 싫어하지 않는다(因而知之).

넷째 단계의 사람들은 배우기가 어렵기 때문에 아무런 노력조차 하지 않는다(安而行之).

중간의 두 단계에 있는 사람들은 배움의 도상에 있으므로 진보하기도 하고 실패할 수도 있다.

공자는 인간 성품의 징표를 관찰한다.

사람의 과실은 각각 그 사람의 성품에 상응한다(「이인편」).

지자知者는 물을 좋아하고 인자仁者는 산을 좋아한다. 지자는 동動하고 인자는 정靜하기 때문이다(「옹야편」).

(3) 근원의 무제약성과 현상의 상대성

야스퍼스에 의하면 진리와 현실은 하나이다. 단순한 사상은 무와 같다. 인간 구원의 근본은 '격물치지格物致知', 즉 내적이면서 변화시키는 행동으로서 수행되는 사상의 진리 가운데 있다. 내면에 있어 참된 것은 외적인 형태로 드러난다.

야스퍼스는 공자에게 사유 형식과 존재 형식이란 "뿌리와 가지를 가지고 있다"라는 근본관계에서 움직인다고 말한다. 근원의 무제약성은 현상의 상대성 가운데로 들어온다. 그러므로 근원에서의 참된 성실, 그리고 현상과 관계하는 관용이 중요하다.

이른바 그 뜻을 참되게 함이란 자기 자신을 속이지 않도록 하는 것을 의미한다(『대학』).

군자는 항상 자기 홀로 행하는 것에 관해서 자기 스스로 반성한다.

열 사람의 눈이 바라보고 있고 열 사람의 손가락이 가리키고 있는 것이니 두려운 일이로다(『대학』).

내적인 위엄은 자기 성찰을 통한 자기 형성에 의하여 획득된다.

내면적으로 음미하여 아무것도 잘못된 것이 없다면 무엇을 걱정하고 무엇을 두려워해야 한단 말인가(「안연편」).

천자로부터 평민에 이르기까지 모든 사람에게 뿌리가 되는 것은 교육이다. 자기의 가족을 교육시킬 수 없는 사람은 다른 사람을 교육시킬 수 없다. 그러나 만일 "인이 가정을 다스리면 온 나라에 인이 꽃핀다."

공자는 어떤 의견도 어떤 선입견도 어떤 고집도 가지고 있지 않았다.

군자는 이 세상의 어떤 사물에 대해서도 무조건 좋아하거나 싫어하지 않는다. 군자는 오직 바른 것에만 가담할 뿐이다. … 군자는 모든 사람에게 공평무사하게 대한다(「위정편」).

군자는 솔직함을 갖추고 있다. 군자는 "그 어떤 것을 이해하지 못할 경우에는 말수를 적게 하고 겸손을 취한다." 군자는 부드럽다.

군자는 지조에 있어 견고하되 완고하지는 않으며, 화和하되 동動하지 않는다. … 군자는 자의식적이지만, 독선적이지는 않다.

무제약적인 것은 상대적인 것 가운데 나타난다. 이것은 상대적인 것을 자유의사 가운데 말살해 버리기 위해서가 아니라 상위자上位者에 의해 그것을 지도하기 위해서이다.

(4) 질서의 필요성

야스퍼스는 공자에게 인간의 본질은 인간의 공동생활에서만 현실적이기 때문에 질서가 필요하다고 역설한다. 질서는 한 인간의 "일생 동안 그의 행동을 규제하는" 제1원리에 의거한다.

자기가 하고 싶지 않은 것을 남에게 해서는 안 된다(「위령편」).

평등의식이 이러한(위의 인용구) 규칙에 따른 행동에서 인간들을 결속시킨다.

윗사람이 싫다고 생각하는 바를 아랫사람에게 시키지 마라. 오른쪽 사람에게서 싫다고 생각하는 바를 가지고 왼쪽 사람과 사귀지 마라(『대학』).

이러한 소극적인 규칙에 상응하는 하나의 적극적인 규칙이 공자에게서 발견된다.

인자仁者는 자기가 서고 싶을 때 먼저 남을 세우고 자기가 달達하고 싶을 때 먼저 남을 도와 달하게 한다(「옹야편」).

공자에 있어 질서의 둘째 원리는, 인간들이란 다양하기 때문에 선정은 권력의 단계에서만 가능하다고 하는 점이다. 권력이 높으면 높을수록 그 권력의 자리에 있는 사람은 더욱 모범적이고 지혜로우며 인간적이지 않으면 안 된다. 그는 백성에게 앞서서 행하고 백성을 고무하지 않으면 안 된다. 그는 낙심해서는 안 된다.

모범적인 사람과 일반 백성과의 근본관계는 이러하다.

군자의 덕은 바람과 같고 소인의 덕은 풀과 같다. 풀잎 위로 바람
이 스치면 풀잎은 휘어진다(「안연편」).

질서는 권위에 의해서만 유지된다. 모든 것은 직위와 인간적
품위 간의 일치에 달려 있다.

선한 자를 등용하고 악한 자를 물러앉게 하고 무지한 자를 가르
치는 것이 필요하다.

그러므로 올바른 통치를 할 수 있는 사람에게는 또한 세간의
여론으로부터의 내적 독립이 필요하다.

제자: 자기의 백성들이 자기를 좋아할 때 군주는 그것을 어떻게
　　　생각해야 하겠습니까?
공자: 그것은 아무것도 아니다.
제자: 자기의 백성들 모두가 자기를 미워할 때 군주는 그것을 어

떻게 생각해야 하겠습니까?

공자: 그것도 아무것 아니다. 백성들 가운데 선한 사람들이 자기를 좋아하고 악한 사람들이 자기를 미워한다면 그 군주는 아주 훌륭한 것이다.

공자에 있어 질서의 셋째 원리는 이미 발전하고 있는 상태의 직접적인 관여는 더 이상 결정적인 영향을 끼칠 수 없다는 사실이다. 사람들은 물론 폭력에 의해서, 법과 형벌에 의해서 영향을 끼칠 수는 있지만, 동시에 화를 가져올 수 있다. 왜냐하면 피치자被治者는 형벌을 피하고자 하고 위선이 일반적이 되기 때문이다.

(5) 모든 것을 좌우하는 일자

공자는 많은 사물들에 대하여, 즉 많은 덕, 배워야 하고 행동해야 할 모든 것에 관하여 다음과 같이 말하고 있다.

너는 내가 많이 배워서 이를 안다고 생각하느냐? 그렇지 않다. 나는 모든 것을 꿰뚫을 수 있는 '一'을 가지고 있다(「위령편」).

그러므로 다多가 아니고 일一이다. 일이란 무엇일까? 이 물음에 대해서 공자는 한결같은 답을 주지 않는다. 그는 다른 모든 것이 근거하고 있는 바를 지향하고, 그것을 상기시키곤 한다. 그러나 그가 답할 경우에는 우리가 이미 서술하고 있는 그러한 식으로 답한다. "나의 전 가르침은 하나 가운데 포괄된다." 즉 그것은 충忠이요 또는 부득이 다른 말로 표현할 필요가 있다면 서恕, 평등, 호혜성互惠性, 인인애隣人愛이다. 공자는 자기의 가르침을 다음과 같이 요약하고 있다.

천명을 알지 못하면 군자가 될 수 없다. 예를 알지 못하면 사람을 알지 못한다.

한 번 더 요약해서 말한다면 도덕은 인간에 대한 사랑이고 지혜는 인간에 대한 앎이다. 그러나 이 모든 것은 이미 일자는 아니다. 일자는 공자가 한계를 의식하게 되는 그러한 방식에 따라 더욱더 감지될 수 있다.

5) 공자의 한계의식

야스퍼스는 공자가 한 번도 완전한 지를 가지고 있다고 생각하지도 않았고, 또 그것이 가능하다고 생각하지도 않았다고 말한다.

아는 것을 안다고 하고 모르는 것을 모른다고 하는 것, 이것이 지知이다(「위정편」).

야스퍼스에 의하면 공자는 세상의 화를 잘 인식하고 있다. 화는 그 근거를 인간의 실패 가운데 두고 있다. 공자는 다음과 같이 탄식하고 있다.

덕을 닦지 않고, 학문을 연구하지 않고, 의義에 관한 말을 듣고도 따라가지 않고, 불선不善을 가지고서도 고치지 못하는 것, 이것이 내 걱정하는 바이다(「술이편」).

때때로 공자는 한 사람의 바른 인간도 도무지 발견할 수 없는 것 같다고 탄식한다.

세상이 다 되었구나. 나는 지금까지 자기의 잘못을 보고 자기 마음속에서 자기 자신을 책망하는 사람을 보지 못했다(「공야장편」).

야스퍼스에 의하면 공자는 통치자가 될 수 있는 사람을 찾아서 주위를 둘러보지만 한 사람도 발견하지 못한다. 한 사람의 성인을 보는 것이 공자에게는 허락되어 있지 않다는 것이다.

야스퍼스는 공자에게 궁극적인 사물은 결코 주요 주제가 되지 않는다고 주장한다. 공자는 한계에 직면해서 두려움을 말한다고 야스퍼스는 말한다.

공자는 행복, 운명, 순수, 선에 대하여는 거의 말한 바 없다. 가령 그가 죽음, 인간의 본성, 세계질서에 대해서 말해야만 할 경우에 그는 미해결인 채로 내버려 두는 그러한 답변을 주었다. "내가 너희에게 말하지 않고 숨기고 있는 것이란 없다"는 표현에 나타나 있듯이 비밀주의의 성향에로 치우치기 때문이 아니라, 그것은 막연한 답변을 필요로 한다고 믿었기 때문이다. 야스퍼스는 사람이란 가끔 호기심, 현재의 고통을 잊으려는 욕망, 삶을 회피하려는 동기에서 종말에 대한 질문을 제기한다고 주장한다. 그러나 공자는 그러한 동기를 충족시켜 주려고 하지도 않았으며 더욱이 근본적인 이유로서는 경험세계의 대상이 될 수 없는 그런 문제를 객관적으로 고찰할 수 없다고 믿었다. 그러므로 공자는 형이상학적인 물음에 대하여 대답을 회피했다고 야스퍼스는 말한다. 야스퍼스는 사람들이 이러한 태도를 불가지不可知론이라 부르고자 할지 모르지만, 그러한 태도는 불가지한 것에 대한 무관심이 아니라 오히려 그 불가지한 것을 가상지假象知로 전락시키지 않으려고 하며 또 그것을 언표함으로써 잃어버리지 않으려고 하는 감동적인 놀람이라고 해석한다.

야스퍼스는 공자에게서 다음과 같은 것을 인식하지 않으면 안 된다고 주장한다. 공자에 있어서는 무한한 것에의, 인식 불가능한 것에의 충동 또는 위대한 형이상학자들의 정력을 소모시키는 물음은 거의 감지될 수 없다. 하지만 관습을 경건하게 실천하는 가운데 그리고 절박한 상황에 있어 시사할 뿐이고 명확하게 많이 말하지 않는 그러한 답변 가운데 결정적인 방향 같은 것이 제시되고 있는 것을 인식해야 한다.

공자는 전통적인 종교적 표상에 관여하고 있었다. 그는 귀신이나 전조前兆를 의심하지 않았다. 조상 숭배와 제사는 그에게 중요한 현실이었다. 그러나 모든 일을 다루어 나가는 방식에 의해서만 미신을 반대하는 경향과 미신에 대한 주목할 만한 거리감이 나타나 있다.

공자께서는 괴이怪異, 폭력, 귀신에 대해서는 한 번도 말하지 않았다(「술이편」).

자기 자신의 조상 이외 다른 귀신을 섬기는 것은 아첨이다(「위정편」).

제자로부터 귀신 섬기는 것에 대한 물음을 받고 공자는 다음과 같이 말하고 있다.

아직 사람도 다 섬기지 못하고 있는데 어떻게 귀신을 섬길 수 있는가(「선진편」).

공자는 천天에 대하여 말한다.

천만이 크다. … 사계四季가 운행하고 만물이 생육한다. 하늘이 무엇을 말하리(「양화편」).

부와 명성은 하늘에 달려 있다. 하늘은 전멸시킬 수도 있다. 이 하늘은 비인격적이다. 그것은 천이라 불리며 단 한 번 상제라고 불린다. 천으로부터 보내진 운명, 명 또는 천명은 비인격적이다. "천은 명이다"라는 말은 공자가 가끔 반복하여 사용한 말이라고 야스퍼스는 확인한다.

한 제자가 중병에 걸렸을 때 그는 다음과 같이 말하고 있다.

삶을 마감하겠구나! 그것이 명이다. 이런 사람이 이런 병에 걸리

다니!(「옹야편」).

야스퍼스는 "공자는 자청 기도와 마술적 기도를 멀리했다. …
자기의 전 생애가 이미 기도였다고 말하고 싶어한다"고 쓰고 있
다. 야스퍼스는 9세기에 한 일본 유학자가 공자의 뜻을 좇아서
"마음이 진리의 길을 걷는다면 기도할 필요가 없다. 귀신이 보호
해 줄 테니까 말이다"라고 쓴 것을 인용하고 있다.

야스퍼스는 "생사는 천명에 달려 있다"라든가, "옛날부터 모든
사람은 죽지 않으면 안 된다"라는 이런 문장들이 죽음에 대한 공
자의 솔직함을 언명해 주고 있다고 역설한다. 죽음은 마음의 동
요 없이 수용되며 그것은 중요한 의미의 영역 가운데 있지 않다.
아마도 공자는 때 이른 죽음, 즉 요절夭折을 탄식할 수는 있을 것
이다.

싹은 돋아나도 꽃은 피지 않을 수 있다. 꽃은 피어도 열매는 맺지
않을 수도 있다(「자한편」).

그러나 공자는 이렇게도 말한다.

아침에 도道(진리)를 깨달았다면 저녁에 죽어도 좋다(「이인편」).

죽음은 공포를 주지 않는다.

새가 장차 죽으려 할 때 그 소리는 슬프지만 사람이 장차 죽으려 할 때 그 말은 착하다(「태백편」).

죽음의 의미에 대하여 물음을 묻는다는 것은 무의미한 일이다.

삶조차도 알지 못하는데 어떻게 죽음을 알 수 있단 말인가(「선진편」).

죽은 사람이 자기에게 바치는 제사를 알 수 있는지에 대하여 물었을 때 공자는 다음과 같이 대답했다.

그것은 내가 알 바가 아니다.

공자는 이 물음에 대한 답을 그 답이 주는 효과에 따라 순전히 실천적으로 고찰하며 어떤 답도 최선의 것이 아니라고 결론짓는다.

6) 공자의 인품에 대하여

야스퍼스는 공자가 자기 자신에 관하여 말한 글들과 제자들이 자기의 스승에 관하여 극찬한 글들을 모아서 다음과 같이 해석하고 있다.

하늘이 이 문화를 없애려 한다면 후세 사람들은 이 문화를 모르고 말 것이다. 그러나 만일 하늘이 이 문화를 없애 버리고자 하지 않는다면 이 광匡지역 사람들이 나를 어떻게 하겠는가(「자한편」).

야스퍼스에 의하면 공자는 꿈속에서 자기의 모범인 주공과 항상 소통했다. 그는 자기 소명의 전조를 기대했지만 헛되이 끝나 버렸다. 꿈속에 기린(상스러운 전조)이 나왔다가는 사냥으로 죽는 것을 보고 공자는 탄식했다. 야스퍼스는 공자야말로 자기의 소명의식에 비해 겸손하다고 논평한다. 공자는 스스로 배움에 있어서는 과연 다른 누구와도 겨룰 수 있지만, 자기의 지를 행동으로 옮기는 군자의 단계에는 다다르지 못했다고 생각한다.

나는 다만 나 자신이 성인이나 인자仁者같이 되고자 힘써 공부하며 또 남을 가르치는데, 권태를 모르는 자라고 말할 수 있다.

야스퍼스는 공자에 대한 현대적 판단은 놀라울 만하다고 논평한다. 공자는 합리주의자로서는 하찮은 것으로 평가된다. 야스퍼스는 프랑케의 다음과 같은 공자 평론을 통해서 자신의 공자 비평을 시사한다.

인격도 업적도 현실적인 위대성의 특징을 지니고 있지 않다. 그는 용기 있는 도덕가였다. 그는 자기의 덕풍德風(솔솔 부는 덕의 바람 소리)으로써 문란한 질서를 다시 바로 세울 수 있다고 확신하고 있었다.

야스퍼스는 사실 공자가 그의 가장 위대한 희망의 순간에 생각했던 그러한 방식으로는 효과적으로 활동하지 못했다. 그가 생존했던 시기와 같이 그가 죽은 이후에도 그의 행위의 의미는 좌절됐다. 왜냐하면 하나의 변화만이 그의 사업을 효과적으로 진전시켜 나갈 수 있도록 했기 때문이다. 그럴수록 더욱더 근원적인 것을, 즉 변화 가운데서도 결코 완전히 상실되지 않는 것을 감지하고 그것을 하나의 척도로서 지키는 것이 과제이다.

야스퍼스는 위에서 기술한 말들을 토대로 삼고 가장 내용이 풍부하고 가장 고유한 말들을 준거로 삼아 취사선택함으로써 우리는 이러한 공자상孔子像을 감히 얻을 수 있다고 주장한다. 만일 우리가 아마도 후대에서 유래하였던, 이미 굳어버린 단순한 공식적 견해들을 강조한다면 진정한 공자상은 사라져 버리고 말 것이다. 공자의 말과 제자들의 보고를 객관적으로 취사선택하고 정리함으로써만 대용할 수 없는 공자상이 생겨날 수 있다. 만일 이러한 공자상의 핵심이 현실성을 가지지 않는다면 이 공자상은 생성될 수 없다.

야스퍼스는 공자가 자기 자신에만 전념하기 위해 세계에서 도피하는 일은 하지 않았다고 말한다. 공자는 경제·기술적 계획도, 법률 제정도, 형식적인 국가질서도 기획하지 않았다. 오히려 공자는 직접적으로 욕구할 수 없는 것, 다만 간접적으로만 촉진할 수 있는 것, 요컨대 다른 모든 것이 근거하는 것을 위해서, 즉 도덕적 정치적 상황에서의 전체의 정신과 이 전체의 부분으로서 모든 개인의 내면적인 상태를 위해서 정열적으로 노력한다. 공자는 어떤 종교적·근원적 경험도 가지고 있지 않고 계시를 모르며, 자기 존재의 재생을 실행하지 않고, 또 신비가는 더욱 아니다. 그러나 그는 또한 합리주의자도 아니다. 오히려 그는 자기의 사유에서 인간을 비로소 인간되게 하는 공동체의 포괄자에 의하여 인도받고 있다. 그의 정열은 미, 질서, 성실성, 이 세상에서의 행복이다. 그리고 이 모든 것은 좌절과 죽음에 의해서도 무의미하게 되지 않는 그 무엇에 근거하고 있다.

야스퍼스가 이해하고 있는 공자는 이 세상에서 가능한 것에만 국한하여 생각하는 그런 냉정성을 가지고 있었다. 그는 조심스럽고 신중하다. 그러나 그는 두려움 때문에 그런 것이 아니고 책임의식에서 그런 것이다. 그는 회의적인 것과 위험한 것을 가능한 한 피하고자 한다. 그는 경험을 원한다. 그러므로 그는 도처에서 사람들의 이야기를 경청한다. 그는 고대 문물에 관한 보고를 지칠 줄 모르고 듣고 싶어 한다. 그에게 있어서는 사람이 인간이 되고자 할 경우에 이것저것을 행해야 한다는 지시보다는 무엇을 해서는 안 된다는 금지가 훨씬 적다. 그는 중용을 지키고 매사에 사적 준비를 하곤 했다. 그를 움직인 것은 권력 자체에의 열망이 아니라 참된 자기지배에의 의지였다.

야스퍼스는 공자의 본질이 밝고 열려 있으며 자연스럽다고 규정한다. 그는 취약점을 가진 한 인간으로서 소박하게 살았다.

야스퍼스는 공자가 궁극적으로 무엇을 했느냐는 물음을 던진다. 이 물음에 답하여 야스퍼스는 공자야말로 노자와는 달리 인간의 상황을 개선하고자 하는 사명감에 의하여 충동을 느끼고 세상일에 관여했다고 단정한다. 그는 미래의 정치가를 위하여 학교를 창설했으며 고전을 편찬했다.

결론적으로 말해서 야스퍼스는 공자야말로 넓이와 가능성에 있어, 더욱이 백성 편에 선 한 인간으로서 중국 역사상 찬연하게 빛난 이성의 최초의 광휘였다고 확신한다.

4장
지속적으로 영향을 미치는
철학함의 창시자

플라톤

1) 생애, 저작, 플라톤 이해의 전제

(1) 플라톤의 생애

플라톤Platon, 기원전 428~347은 아테네의 귀족 가문에서 태어났다. 어머니의 가계는 그리스의 7현인賢人 가운데 한 사람인 솔론의 친구이면서 친척이기도 한 드로피데스Dropides까지 거슬러 올라간다. 아버지의 전설적인 가계는 아테네 세습 왕정의 마지막 왕인 코드로스Kodros에까지 소급한다. 그는 아테네에 깊은 애착심을 가지고 있었다. 폴리스로서 아테네는 솔론의 입법을 야기하였고,

페르시아 전쟁에서 이겼고, 자유를 구했고, 비극을 창작했고, 아크로폴리스를 지었다. 그의 혈통은 그에게 지배층이 누리는 그런 특권, 삶을 안락하게 향유하는 권리, 그리고 무한히 고된 삶을 이겨 내는 엄정한 기율이 숨어 있는 정신의 공평무사를 가져다 주었다.

20세의 귀족이었던 플라톤은 소시민인 소크라테스의 제자가 되었다. 야스퍼스는 이 두 사람 간의 교제로부터 소크라테스가 사형 선고를 받고 처형될 때까지의 상세한 것을 우리는 알 수가 없다고 말한다.

플라톤은 40세 때기원전 389~388 남부 이탈리아와 시실리를 여행했다. 그는 이탈리아에서 피타고라스학파의 철학자들과 관계를 맺었고, 시라쿠스Syrakus에서는 그는 전제 군주 디오니시오스Dionysios 1세를 만났고, 그의 처남 디온Dion과의 우정을 맺었다. 그 당시 디온은 20세의 청년으로서 플라톤과 그의 철학에 열광적으로 심취해 있었다. 기원전 388년에 아테네로 돌아온 이후 그는 아카데미아라는 학교를 설립했다. 기원전 368년, 플라톤이 60세 였을 때 20세였던 아리스토텔레스가 아카데미아에 들어왔다(아리스토텔레스는 기원전 347년에 플라톤이 죽을 때까지 20년 동안 아카데미아에 소속하고 있었다).

기원전 367년에 디오니시오스 1세가 죽었다. 그의 아들 디오니시오스 2세와 디온이 플라톤을 시라쿠스로 초청했다. 디오니시오스 2세는 플라톤의 자문을 받고 새로운 국가를 세울 것을 결의했다. 그것은 플라톤에게는 자기의 정치적 이념을 현실화할 수 있는 놀라운 기회였다. 기원전 366~365년 사이에 있었던 첫 여행에서 디오니시오스 1세와의 교제가 이미 실패한 바 있었다. 5년이 지난 후기원전 361~360 플라톤은 다시 한 번 유혹을 받았지만, 또다시 좋지 않은 결과로 끝났다. 플라톤이 62세와 67세였을 때 두 차례에 걸쳐 모험이 있었다. 몇 년 후에 디온은 군대를 이끌고 시라쿠스로 쳐들어가서 전제 군주를 몰아내고 플라톤의 철학적 국가를 세우고자 했다. 그러나 디온은 기원전 354년에 살해되었다. 그때 플라톤은 74세였다. 그의 가장 감동적인 우정은 일찍이 자기보다 40세나 연상인 소크라테스와 맺은 우정과 자기보다 나이 20세나 연하인 디온과 맺은 우정이었다. 그는 디온의 처형 이후 7년이나 더 살았다.

플라톤은 페리클레스Perikles가 죽은 지 1년이 지나서 태어났다. 그는 어린 시절에 아테네의 몰락, 정당들과 헌법의 교체, 정치적 혼란을 경험했다. 그는 폴리스로부터 대제국에로, 초기 그리스 문화로부터 후기 그리스 문화에로 변천해 가는 전환기 직전에 살았다. 그는 아테네의 쇠퇴를 경험했지만, 아직도 다른 새로운 세계를 알지도 못했고 예견하지도 못했다. 이러한 상황에서 청년이 된 그는 가족의 전통에 의하여 정치적 삶에도 열정적으로 나아가도록 촉진 받았다. 그러나 그는 상황의 절망성을 인식하고 있었다. 소크라테스의 죽음 이후 그는, 비록 새로운 상황에서 명성을 얻을 수 있었다고 하더라도, 정치적 삶으로부터 물러나서 철학함을 하며 살기로 근본적 결단을 내렸다. 우리는 이 모든 것에 관해서 그 자신을 통해 알고 있다. 왜냐하면 디온의 살해 이후 그가 디온의 친구들에게 편지(『제7 서한der Siebente Brief』)를 썼기 때문이다. 이것은 플라톤의 삶에 있어 신뢰할 수 있는 통찰의 유일하고 감동적인 문서이다. 이 편지는 그의 정치적 경험의 대차 대조표이다. 그는 청년 때 정치가 그를 얼마나 실망시켰는가를 말하고 있다. 파국 이후 아테네에서 귀족의 과두 정치가 불법적이고 부정한 것으로 판명되었기 때문에 이전의 민주주의는 비교하자면 순금과 같은 것으로 생각되었다. 플라톤은 과두 정치에 참여하기를 거부했다. 갱신된 민주주의기원전 403는 그에게 새로운 기회를 열어 주는 것 같았다. 그러나 이러한 민주주의는 소크라테스에게 사형을 선고했다.

마침내 나는 지금의 모든 나라들이 정치적으로 제대로 돌보아지지 않고 있다는 확신에 이르렀습니다. 왜냐하면 그 나라들의 법률 제도가 엉망이며, 거기에 행운이 돌아올 어떤 기적이 일어나게 할 방도가 없기 때문입니다. 그리고 나는 진정한 철학을 찬양하고, 단지 이와 같은 철학의 관점으로부터만이 공사公私에 관계없이 올바른 정의관을 가질 수 있음을 단언하기에 이르렀습니다. 따라서 인류는 진정한 철학자만이 정치적인 권력을 장악하거나 또는 정치적 권력을 장악한 사람이 신적인 섭리에 의하여 진정한 철학에 진지하게 전념하기로 결단을 내리기까지는 고통으로부터 벗어날 수 없을 것입니다.

플라톤은 자기에게 다시 한 번 기회가 왔다고 생각된 시라쿠스에서 대담하게 정치적 실험을 시도했다. 그러나 그는 타협을 받아들이지 않았다. 그는 폴리스 전체를 진정한 질서 가운데로 가져다 놓고자 했다. 그는 폴리스 안에서 현실정치에 관여하며 될수 있는 한 최선의 역할을 하기 위해서 정치적 권리를 장악하고 싶어 했다. 그는 전부냐 아니면 무냐를 원했다. 그에게는 올바른인간을 형성하고 인간의 에토스를 기초하는 그런 정치만이 정의로운 정치였다. 플라톤은 정치에 관해서 부단히 숙고했다. 성숙

한 장년기에 그가 논의의 주제로 다루어야 할 것은 국가 문제이
고 노년기에 그가 종결지어야 할 방대한 일은 법이었다. 그러나
그는 정치에 관해서 열정적으로 사유했을 때, 정치를 궁극적인
것으로 간주하지 않았다. 궁극적인 것은 단지 순수한 철학에 의
해서만 다루어질 수 있다고 그는 확신했다.

(2) 플라톤의 저작

야스퍼스에 의하면 플라톤의 저작들은 한 세기 동안 문헌학적
인 노력에 의해 전집 형식으로 분류되고 정리되었다. 여러 견해
들이 표출되어 혼선도 있었지만, 결국엔 진정한 작품과 진정하지
못한 작품들이 식별되고 저술상의 연대도 규정될 수 있었다.

야스퍼스는 플라톤의 저작들을 연대순에 따라 다음과 같이 세
그룹으로 분류한다.

① 소크라테스의 재판을 다루고 있는 대화집들: 『변명』, 『크리
  톤』
  초기 대화집들: 『프로타고라스*Protagoras*』, 『이온*Ion*』, 『라케
  스*Laches*』, 『리시스*Lysis*』, 『카르미데스*Charmides*』, 『에우티프론
  Euthyphron』, 『대 히피아스*Hippias major*』

② 아카데미아를 창설한 기원전 388년, 첫 여행 이후의 대화
집들: 『고르기아스*Gorgias*』, 『메논』, 『에우티데모스*Euthydemos*』,
『크라틸로스*Kratylos*』

분명히 이때 나온 대화집들: 『심포지엄』, 『파이돈』, 『국가
Politeia』, 『테아이테토스』

③ 기원전 366년 제2차 여행 이후: 『파르메니데스*Parmenides*』,
『소피스트*Sophistes*』, 『폴리티코스*Politikos*』, 『필레보스*Philebos*』,
『파이드로스』

④ 기원전 361년 제3차 여행 이후: 『티마이오스*Timaios*』, 『크리티
아스*Critias*』, 『법률*Nomoi*』, 『제7 서한』

야스퍼스는 플라톤의 저작들의 전형을 분류하여 살펴보면 지
극히 특징적이고 다양하다고 주장한다.

소크라테스의 재판을 취급하고 있는 『변명』과 『크리톤』은 그
생생한 기록으로서 비할 바 없다. 좁은 의미에서 보면 이른바 소
크라테스적인 대화집들인 이 초기 대화집들은 현장의 상황을 비
상할 정도로 생생하게 볼 수 있도록 하여 주고 있다고 야스퍼스
는 강조한다. 야스퍼스는 다음과 같은 대화집에는 플라톤의 본래
적인 사유가, 특히 『고르기아스』와 『메논』에 생생하게 나타나 있

다고 말한다. 고전적인 작품들인 『심포지엄』, 『파이돈』, 『국가』는 플라톤의 철학을 잘 균형 잡힌 테마, 풍부한 참고 문헌, 일자의 심오한 개념 등을 통해서 반영하고 있다. 변증법은 『테아이테토스』, 『파르메니데스』, 『소피스트』, 『폴리티코스』, 『필레보스』 등과 같은 대화집에서는 지배적인 내용으로 논의되고 있다.

『파이드로스』는 독특하다. 이 대화집은 젊음의 생기발랄함과 철학함의 완숙이 결합되어 나온 대화집이다. 『파이드로스』는 그 연대기적 위치를 자주 바꾸곤 했다. 이전에는 초기 저작으로서 간주되었고, 오늘날에는 플라톤의 노년기 저작으로 지정되어 있다. 여하튼 이 대화집은 가장 만년의 작품에 속하는 것으로 간주된다. 노년기의 저작물인 『티마이오스』, 『크리티아스』, 『법률』 등에서는 교육적인 가르침을 위해서 전개된 표현 때문에 대화집의 특징이 약화되었다. 야스퍼스는 대화집을 내용에 따라서 다음과 같이 분류한다.

- 소크라테스의 형상: 『에우티프론』, 『변명』, 『크리톤』, 『파이돈』, 『프로타고라스』
- 소크라테스의 완성된 이념: 『심포지엄』, 『파이드로스』
- 국가에 대한 사유: 『국가』, 『폴리티코스』, 『법률』, 『크리티아스』

- 변증법:『파르메니데스』,『소피스트』,『폴리티코스』,『테아 이테토스』,『필레보스』,『국가』 6권과 7권
- 우주:『티마이오스』,『파이돈』,『필레보스』
- 수학:『메논』,『국가』

야스퍼스는 대화집들을 분류하여 유형별로 묶은 대화군에 우선을 두는 것은 특징적이라고 말한다.

고대 후기와 중세에 있어 가장 우선을 두는 첫째 자리는 (우주의 창조와 구조를 논의하고 있는)『티마이오스』가 차지하고 있다. 고대 후기 이후『파르메니데스』는 사람들이 이 대화집을 신학과 관련된 것으로 이해하는 한 우선적인 자리를 차지하고 있었다. 가장 감동적이면서 살아 있는 대화집은 옛날부터 죽음에 직면하여 죽는 방법을 가르쳐 준 종교로서의『파이돈』이었다. 제2의 감동적인 대화집은 소크라테스가 죽음을 통해서 진리를 증언하고 진리를 위해서 저항한 소크라테스의 독립적인 형상을 보여 준『변명』과『크리톤』이다. 제3의 감동적인 대화집은 세계 내에서 에로스에 사로잡혀 있는 소크라테스를 관조하는『심포지엄』과『파이드로스』이다. 제4의 감동적인 대화집은 선과 악 간의 양자택일을 가차 없이 제시한『고르기아스』이다. 정치적 대화집으로서『국

가』, 『폴리티코스』, 『법률』 등은 인간 존재의 조건으로서 공동적인 현존재의 근본 문제를 제기하고 있다. 오늘날에는 논리적인 대화집, 즉 『테아이테토스』, 『파르메니데스』, 『소피스트』, 『필레보스』 등이 특별한 관심을 얻고 있다. 야스퍼스는 플라톤 전체를 인식하기 위해서는 어떤 대화집도 소홀히 다루어서는 안 된다고 주장한다. 어떤 대화집들도 그것들 나름으로 대치할 수 없을 정도로 중요한 것을 깨우치게 해 주고 있다고 야스퍼스는 말한다. 그는 플라톤의 모든 대화집이 철학적 통찰을 심화시켜 주고 있는 것으로 생각한다.

(3) 플라톤과 소크라테스

야스퍼스는 플라톤에 대한 이해의 대전제 가운데 하나를 든다면 아마도 플라톤과 소크라테스의 대비를 통해 플라톤의 실체를 조명하는 일일 거라고 말한다. 근원적으로 플라톤의 철학함은 소크라테스에 의한 충격에서 비롯한다. 야스퍼스는 소크라테스야말로 플라톤으로 하여금 영원한 존재와 관계하여 올바른 생활을 도모함으로써 영혼을 돌보는 것이 중요하다는 것을 깨우치게 했다고 주장한다. 소크라테스에 대한 플라톤의 사랑은 동시에 플라톤 자신의 고양이었다.

플라톤의 철학은 일생 동안의 소크라테스와의 개인적인 유대에 근거하고 있다. 플라톤 철학의 확고한 지점은 자연도 아니고, 세계도 아니고, 인간도 아니고, 연구 대상도 아니고, 명제도 아니고, 오히려 이 모든 것을 복합적으로 아우르고 있는 그런 점이다. 왜냐하면 그의 철학이 근거하고 있는 기초적인 중심에는 소크라테스라는 한 인간이 서 있기 때문이다. 야스퍼스는 이러한 유대의 방식을 인식한다는 것이 플라톤에 대한 이해의 조건이라고 말한다.

대화집에서 플라톤은 자기의 철학을 소크라테스의 창조물로서 전개하고 있다. 가장 창조적인 사상가로서 플라톤은 자기의 독창성을 나타내 보이기를 자제하고 있는 것 같다. 플라톤은 소크라테스 안에서 사유하고 있다. 우리는 소크라테스의 현존에 직면하여 자기에게 나타난 것 그리고 비록 소크라테스가 결코 그렇게 사유한 바 없었다고 하더라도 그가 말할 나위 없이 소크라테스의 사유로서 이해한 것에다 어느 정도로 자기 자신의 사유를 정초하고 있는지를 알지 못한다.

플라톤은 무엇보다도 철학을 창출하지 않고, 오히려 현실적으로 그가 이해한 철학자를 나타내 보이고 있다. 그는 철학자를 묘사하는 가운데 철학을 드러내 보인다. 그는 현실적으로 인식하고 사랑했던 인간 가운데서 철학자를 발견하고 있다. 철학은 더 이상 직접적 객관적이 아니고 간접적 객관적이다. 철학은 철학자에 관한 시 가운데서 언급된다. 이러한 시의 주체는 개체적 인간뿐만 아니라, 그의 사유의 불가해한 가능성에서의 인간 자체이기도 하다. 소크라테스는 플라톤 없이도 역사적 실재로 존재한다. 그러나 역사적 소크라테스와 플라톤적 소크라테스는 불가분적이다.

플라톤은 소크라테스의 현실 가운데서 자기의 본질을 인식하고 있다. 그는 이러한 본질을 자기의 대화집에서 전개해 나가고 있다. 그는 항상 본질적인 진리에의 의지로 그렇게 하고 있다. 그러나 그는 그렇게 함에 있어 자기 자신을 증명 가능한 사실들에만 한정시키지는 않았다. 그러므로 플라톤의 시는 오히려 소크라테스의 본질적 현실에 대한 직관이자 진리이다.

야스퍼스에 의하면 다양한 국면을 가진 대화집들을 개관할 때 소크라테스는 유일하면서 위대한 전체이다. 대화집들은 상호 보완하고 상호 충만시킨다. 소크라테스는 플라톤의 대화집 대부분에서 주인공으로 등장한다. 후기 대화집에서 비로소 소크라테스는 조연이 되고 『법률』에서 소크라테스는 사라진다. 이러한 사실은, 결론적으로 말해서, 더 이상 소크라테스의 존재에 속하지 않는 일들을 취급하고 있다는 사실에 대한 표현이다.

야스퍼스에 의하면 플라톤이 소크라테스 가운데서 본 것, 그것은 현실적으로 소크라테스, 즉 이념에 근거할 경우에 가시적 현실화와 외면적으로 크세노파네스가 기술하고 있는 바와 같이 보일 수 있었던 모습으로 감지된 소크라테스였다. 소크라테스의 사상과 플라톤의 사상 간의 객관적인 경계선은 도출되지 않는다. 그것은 인격적인 결속이 존재하는 곳에서는 결코 가능하지 않다. 여기서 소유권이란 존재하지 않는다. 플라톤은 사상 가운데 사실적으로 있는 것을, 즉 사상에 있어 현실적으로 발원할 수 있는 것을 전개하고 있다.

야스퍼스가 본 소크라테스와 플라톤의 관계는 철학자에 있어 한 사상가가 자기의 위대함을 다른 사상가와 함께 가지고 있고 한 사상가가 다른 사상가를 통해서 존재하고 있는, 즉 플라톤은 우리에게는 경험적 현실적으로 존재하고 있다는 것 그리고 소크라테스는 플라톤에 대하여 자기의 역사적 영향을 미치는 가운데 존재하고 있다는 그런 독특한 사례에 속한다.

야스퍼스는 플라톤과 소크라테스 간의 근본적인 관계는 플라톤의 철학함에 대해 다음과 같이 세 가지 측면에서의 주요한 영향을 미치고 있다고 말한다.

첫째, 플라톤은 자기의 사유를 추상적·일반적 부동성浮動性의 진리뿐만 아니라 소크라테스에도 결부시키고 있다. 소크라테스의 정신과 하나가 되는 그의 철학함의 표현은 사유와 실존의 통일을 구현하고 있다. 그것은 그의 사유에 영속적·역사적 구체성을 주었던 바의 것이다. 그리고 그것은 플라톤으로 하여금 단지 하나의 학설만을 추구하는 어떤 사상가에게도 불가능했던 것을 가능하게 했고, 역사적 유대를 유지하고 있는 동안 완전한 자유 가운데서 사유할 수 있게 했으며, (밑바닥 없는 나락으로 떨어지지 않고 언제나 한 인간과 자기의 존재에 근거를 두고 있었기 때문에) 위험을 무릅쓰고 모든 관념을 모험에 걸 수 있게 했다. 이것은 플라톤에 있어 척도와 한계를, 즉 단순히 일반적인 것에로 이끌어 갔던 모든 철학함의 지양을 설명하고 있다. 그러나 소크라테스라는 인간이 결코 도그마화되지 않고 있다는, 유례가 드문 일이 일어나고 있다.

플라톤은 고정된 학설에의 순종에서 사유하거나 숭배하는 인간에 대한 복종에서 사유하지 않고, 오히려 인간의 공동체 가운데서 확인한 무제한적으로 펼쳐진 인간과 결부하여 사유하고 있다.

둘째, 플라톤은 이러한 맥락에서 볼 때 자신의 권위로써는 감히 할 수 없었던 것을 자기의 이름으로 말해야 할 필요성으로부터 자유로워지고 있다. 그는 그것을 소크라테스로 하여금 신화 보고자처럼 변모된 소크라테스로 말하도록 하고 있다. 플라톤은 이러한 태도로 말하고 있는 것 같다. 즉 철학의 주장은 너무나 위대하기 때문에 어떤 사람이든 자기 자신이 감히 철학자라고 불리기를 바라지 않는다. 그는 (마치 칸트가 자기를 철학자라고 부르는 것을 싫어했던 것처럼) 오히려 다른 사람을 감히 철학자로 나타내 보이고자 한다.

셋째, 소크라테스와 플라톤 간의 관계 강화에 있어 개인의 고립화는 지양되고 있다. 독백, 홀로 있음, 자기 의존은 모든 진실한 것을 의문스러운 것으로 만든다. "진리는 두 갈래로 나누어지기 시작한다"(니체). 개인이 자기 존재가 되기 위해서는 타자를 필요로 한다. 인간은 자기 자신을 신뢰할 때 비로소 자기가 된다.

야스퍼스는 소크라테스·플라톤의 이원성과 통일성이 철학사에서 유일한 사실이라면 여하튼 그것은 포괄하는 진리가 된다고 말한다. 그것은 반복 가능하지 않지만, 모든 철학함 가운데로 반향을 일으킨다.

인간에 대한 위대한 사랑, 한 개인에의 사랑, 그것은 사람들에게 철학함을 하고자 하는 용기를 주었다. 사랑은 익명적이다. 그러나 이러한 상황의 상기想起는 철학사에서 가끔 감지된다. 소크라테스와 플라톤은 모범이다. 아마도 모든 청년들은 자기만의 소크라테스를 찾고 있을 것이다. 철학함을 하는 인간은, 야스퍼스에 의하면, 그것을 감히 그 자신으로서 감행하지 않고, 오히려 자기의 삶을 살아가는 도상에서 만났던 최선의 사람 또는 최선의 사람들의 현실 속에서 철학자를 창작한다. (이와 같은 참된 시인은 현실의 개현開顯이다.)

야스퍼스에 있어 소크라테스와 플라톤은 동일한 것의 반복이 아니다. 그들은 완전히 다르다. 비록 소크라테스가 역사적으로 이해되기 어렵고, 반면에 플라톤은 의심할 여지가 없는 역사적 현실이라고 하더라도 두 사람의 현실은 비교된다. 야스퍼스는 소크라테스에 대한 반응과 이해에 있어 소크라테스와 함께 철학을 창작으로서 창출한 사람은 플라톤이라고 말한다. 소크라테스의 죽음은 플라톤을 깊은 통찰에로 이끌어 갔지만, 이 죽음은 플라톤으로 하여금 그 자신이 소크라테스와는 다른 철학함의 현실화로 나아가는 길을 추구할 것을 분명히 하게 하고 있다. 소크라테스는 신으로부터 받은 과제를 실현하는 가운데 점점 더 자기에 대한 증오를 유발하고, 결국엔 자기를 순교자로 만들었다. 플라톤은 이와 동일한 방식으로 죽을 용의를 가지고 있지는 않았다. 소크라테스는 언제나 아테네의 길거리에 있었던 데 반해서, 플라톤은 근본적으로 현재를 절망적인 것으로 파악하고 등을 돌린 채 뒤로 물러서 있었다. 플라톤은 『국가』에서 다음과 같이 말하고 있다.

환난시대에는 폭풍과 비가 지나갈 때까지 지붕 밑에 숨어서 은거하고 있어야 한다.

야스퍼스가 본 소크라테스는 아테네에 묶여 있고, 플라톤은 아테네인으로 남아 있다. 그러나 야스퍼스의 해석에 의하면 플라톤은 세계 시민에의 도상에 있는 가운데 고향 도시 바깥에 살면서 활동할 수 있었다. 소크라테스는 직접 바로 현재에서 철학함을 하고 있고, 플라톤은 저작물과 아카데미아를 매개로 하여 철학함을 하고 있다.

소크라테스는 광장 또는 시장에 머무르면서 토론하고 대화했고, 플라톤은 정선精選한 동아리들과 함께 아카데미아에 상주하면서 강의하거나 집필하곤 했다. 소크라테스는 한 줄의 글도 쓰지 않았고, 플라톤은 놀라울 만큼 엄청난 저작을 남겼다.

2) 플라톤의 철학

플라톤의 철학에는 플라톤 이전의 고대 철학이 고스란히 녹아들어 있다. 그리스의 고대 철학 가운데서도 특히 헤라클레이토스의 로고스 사상과 파르메니데스의 존재의 사상이 자기 고유한 해석을 통해서 플라톤의 철학 속에 흡수되어 있다. 구체적으로 말해서 헤라클레이토스에 있어 로고스가 세계 내에 존재하는 양식으로서 모순·대립을 통한 통일이라는 변화가 플라톤의 철학에서는 이데아와 생성·소멸 간의 관계에 흡수되어 있다.

플라톤의 이데아론에서는 로고스가 세계 내에서 자기를 나타내고 있는 양식이 이데아가 사물에 임재臨在, parusia하는 국면과 유사하다는 느낌을 받는다. 로고스는 정태적 측면에서 보면 존재 자체, 즉 일적 존재이지만, 동태적 측면에서 보면 이법 또는 법칙이다. 정태적 측면에서 본 로고스는 플라톤에 있어서는 이데아로 발전되고 있다.

동태적 측면에서 본 로고스는 이법으로서 일체의 현상적 변화, 즉 생성과 소멸을 야기하는 역동적 동인動因으로 해석되고 있다. 현상이 변화이고 생성·소멸인 한 그것은 확고한 것도 아니고 영속적인 것도 아니며, 오히려 일시적인 것에 불과하다. 그러므로 현상에 대한 인식은 진리일 수 없고 단지 거짓된 인식일 뿐이다.

현상의 배후에 내재하는 로고스에의 인식 또는 사유만이 진리로 전변된다. 헤라클레이토스의 이러한 인식론은 플라톤의 인식론에 생경하게 흘러들어 갔다.

플라톤에 있어 현상세계는 이데아 세계를 모방하고 있고 현상세계를 구성하는 모든 사물이 이데아를 분유分有하고 있기 때문에 현상세계는 가변적이다. 가변적인 현상세계에 대한 감각적 인식은 거짓된 것이며, 따라서 진리에의 인식은 현상세계가 모방하고 있는 실재로서 이데아에의 인식 또는 사유에서만 가능할 뿐이다.

헤라클레이토스의 로고스와 더불어 파르메니데스의 존재의 사상 역시 플라톤의 이데아 사상에 커다란 영향을 미치고 있다. 어떤 점에서는 헤라클레이토스의 로고스 사상보다도 오히려 파르메니데스의 존재의 사상이 더 강렬하게 플라톤의 영혼에 각인되고 있다. 파르메니데스의 존재는 생성도 소멸도 안 되고 영속적·연속적 전체로서 불변부동하는 존재 그 이외에 아무것도 아니다. 공간도 부정되고 운동도 부정되며 동시에 변화란 불가능하고 오직 존재만이 존재할 뿐이라는 파르메니데스의 존재의 사상은 존재 자체로서 이데아의 상정想定의 기초가 되고 있다. 더욱이 공간, 운동, 변화를 부정하는 파르메니데스의 사유는 플라톤에서는 현상의 일시성, 불안정성, 가변성을 강조하는 주장에 정초하고 있다.

플라톤의 이데아론을 기초 세우고 있는 헤라클레이토스의 로고스와 파르메니데스의 존재의 사상은 고대 그리스의 철학에 있어 전·후기 자연 철학에서 논의되었던 아르케 사상을 대표한다. 말하자면 이 두 철학자의 로고스와 존재의 사상은 아르케의 역동성과 존재성, 즉 동태성과 정태성을 대표한다. 플라톤의 이데아 사상은 곧 플라톤 이전의 고대 그리스의 자연 철학을 심화한 일종의 존재론으로 전개되고 있다.

3) 이데아론
(1) 최고의 심급

야스퍼스에 의하면 플라톤은 처음부터 최고 심급die höchste Instanz으로서 아가톤agathon(선)을 추구했다. 최고의 심급을 인식하기 위해 모든 사유와 행위에 의미를 부여했다. 최고의 심급은 최고의 학문megiston mathema이라고 일컬어진다. 거기에 다다르고자 하는 어떤 노력도 도로徒勞에 그친다. 그것은 유일할 만큼 중요하다. 그것의 대상은 선善, das Gute이다.

야스퍼스는 플라톤이 말하는 선이란 무엇인가를 그의 우화를 통해서 설명하고 있다.

선은 태양이 가시적인 것의 왕국에 존재하는 것처럼 사유의 왕
국 안에 존재한다. 우리는 태양 자체를 보지 못한다. 그러나 우리
는 모든 것을 태양의 빛 속에서 본다. 우리는 선 자체를 보지 못
하지만, 모든 것을 말하자면 선의 빛 속에서 사유한다. 태양이 가
시적인 것의 영역에 있어 눈(감각적 지각의 모든 기관 가운데서 가장
태양에 가깝다)과 보이는 것과의 관계에 있는 것처럼 선은 사유 가
능한 것의 영역에 있어 이성(인간의 최고 능력)과 사유되는 것과의
관계에 있다. 만일 영혼이 선이나 진정한 존재의 빛에 의하여 조
명되는 것을 지향한다면 영혼은 이성의 점유 가운데서 그것을 인
식하고 그 가운데 존재하는 것으로 생각된다. 그러나 영혼이 암
흑과 혼용을 이룬 것을 바라본다면, 즉 생성과 소멸을 바라본다
면 영혼은 흐릿해지고 모든 이성을 잃은 단순한 견해의 희생물이
된다.
눈이 태양과도 같지만, 태양 자체가 아닌 것처럼 진정한 인식은
선과 관계하지만, 선 자체는 아니다. 태양이 사물들에게 보이는
능력을 부여할 뿐만 아니라 그 사물들에게, 비록 그 사물 자체가
생성되지 않는다고 하더라도 생성, 성장, 육성을 부여한다. 이처

럼 선은 인식 가능한 것에게 인식될 수 있는 능력뿐만 아니라, 비록 그것 자체가 존재가 아니라고 하더라도, 그것의 존재와 본질을 부여한다. 왜냐하면 선은 존엄과 힘에 있어 존재를 뛰어넘어 서 있기 때문이다.

(2) 이데아 세계 이원론(두 세계)

야스퍼스의 견해를 따르면 플라톤은 자기의 선행 철학에서 논의하던 세계의 변화성 및 현상성에서 가상세계의 의미를 도출하고 있다. 이 가상세계는 가변적이며 감각 지각의 대상에 불과하다. 세계는 근본적으로 자존적인 것도 아니고, 불변적인 것도 아니며, 오히려 감각적 지각에 따라 변화하는 단순한 감성적 대상에 지나지 않는다. 그러므로 세계의 진정성, 즉 존재의 확실성은 감각에는 지각되지 않고 공허로 비쳐 올 뿐이다.

세계의 진정한 존재성은 이성에 의해서만 사유될 뿐이다. 따라서 플라톤은 세계를 감성세계die Sinneswelt와 이데아 세계die Ideenwelt, 즉 생성의 세계das Reich des Werdens와 이데아 왕국das Reich der Ideen으로 나누어 해석하고 있다. 생성의 세계란 부단히 변화하고, 일시적이고, 끊임없이 운동하는 가운데 존재한다. 생성의 세계는 일정한 장소 가운데서 생성되었다가 거기에서 다시금 소멸하고 동시에 감각적 지각에 의하여 인식되는 세계이다. 이와 반대로 이데아 세계는 모든 생성·변화를 초월하여 불변적으로 존재하는 원형 또는 원상으로서의 이데아 왕국이다. 다시 말해서 그것은 생성도 소멸도 없는 이데아 왕국, 다른 것을 이데아 왕국 내로 받아들이지 않고 다른 것 가운데로 들어가는 것도 아니며 사람들의 눈에서 숨어 있는 왕국이다. 이데아 왕국은 영원히 존재하는 본질의 왕국, 초천체超天體, der überhimmlische Ort, 사유의 장소를 의미한다.

야스퍼스는 플라톤이 비유와 개념들을 통해서 묘사하고 있는 이데아 왕국을 다음과 같이 인용한다.

거기에서는 색채도 없고, 형체도 없고, 만질 수도 없고, 본질적으로 존재하는 실체가 존재하며, 그것은 영혼의 조타수인 이성에게만 보입니다. … 거기에서 영혼은 정의 자체, 절제, 지식 등을 바라보며 이 지식에는 생성이 가까이 있지 않고 … 본질적인 존재인 바의 것에 고착하고 있는 지식에 깃들이고 있습니다. 무엇보다도 먼저 미는 영원히 존재하지만 생성되는 것도 소멸되는 것도 아니며 증대하는 것도 줄어드는 것도 아닙니다. 더욱이 미는 어떤 사람에게는 아름답지만, 다른 사람에게는 추한 것이 아닙니다. 그러므로 미는 얼굴이나 손이나 그 밖의 신체에 속한 것이 아니며 말이나 인식으로 나타내는 것도 아닙니다. 그리고 그 밖의 생물 속에나 지상이나 천상이나 그 밖의 물체 속에 깃들어 있는 것도 아닙니다. 이는 자기 스스로 존재하면서 영원히 존재하는 유일무이한 존재로서 나타납니다.

야스퍼스는 이러한 내용과 관련하여 플라톤의 다음과 같은 말도 『심포지엄』에서 인용·기술한다.

이러한 단계에서 삶은 살 만한 가치가 있습니다. … 한 인간이 언제나 아름다움을 바라보고 관조하면서 그 아름다움과 함께 살아간다면 당신은 그 삶이 보잘것없는 삶이라고 생각할 수 있겠습니까? 정신적인 눈으로 참된 아름다움을 볼 수 있는 사람이라면 거기서는 덕의 그림자가 아니라 참된 덕을 인식할 수 있다고 생각하지 않습니까? 이처럼 참된 덕을 인식하고 실현시켜 나아갈 경우 그런 사람은 신으로부터 사랑을 받는 사람이 될 수 있습니다. 그리고 이러한 사람이 있다면 그는 불사적이 될 수 있습니다.

이와 같이 플라톤은 두 세계를, 즉 이데아 세계와 감성세계, 존재의 세계와 생성의 세계, 예지세계noetische Welt와 현상세계들을 구별하고 있다.

(3) 두 세계의 관계

이데아 세계에는 감각적 지각의 대상일 수 있는 형상은 존재하지 않으며 오직 초감성적 존재 또는 본질적으로 존재하는 실체만이 존재할 뿐이다. 그러므로 이데아 세계는 이성적 사유에 의해서만 인지된다. 이성의 사유에게만 인식되는 순수사유의 세계로서 영원한 이데아 세계와 감각에 의해서만 지각되는 감성의 세계, 즉 시간적·현세적·일시적 사물들로 구성된 생성·소멸의 세계는 완전히 단절되어 있다. 이 두 세계가 근본적으로 분리되어 있는데 어떻게 상호 관계하느냐는 물음이 여기서 나온다. 플라톤은 이러한 생성되는 사물들과 이데아 간의 상호 관계를 이데아의 사물에로의 관여methexis 또는 분유라는 방식으로 논의하고 있다.

감각적 지각의 대상으로서 사물들은 근원적으로 이데아 세계의 최고의 이데아인 '선의 이데아das Idee des Gutes'가 비춰 주는 빛(선의 이데아의 작용)에 의하여 보편자로서 이데아의 본질이 투영된 그림자에 불과하다. 이데아의 그림자로서 사물은 그런 점에서 이데아의 본질을 나누어 가지고 있다. 즉 분유하고 있다. 엄밀하게 표현하자면 이데아 자신이 자기 본질의 일부를 떼내어 감성 세계에 그림자 및 가상으로서 분유하게 하고 있다. 그것은 사물의 측면에서 설명상의 효과를 노리기 위해 그렇게 언표한 것으로 생각된다.

모든 사물은 이데아에 의하여 비로소 본래적 존재와 무유無有 사이에 그것들 자신의 존재를 가진다. 역으로 말하자면 사물들 내에서의 이데아가 임재하고 있는 것으로 생각되고, 그다음으로 원상으로서, 모사한 것의 원형으로서 또는 이데아의 모상으로서 생각된다.

이데아 세계와 감성세계(생성·소멸의 세계, 감각세계) 간의 분리를 연결해 주는 관계의 고리가 있다면 그것은 위에서 말한 관여, 분유, 임재, 모방mimesis 등이다. 이러한 연결 고리에 의하여 이데아 세계(초감성적 존재의 세계)와 감성세계가 관계되고 있다. 이러한 근거에서 볼 때 플라톤은 자기에 선행하는 그리스의 자연 철학자들이 해결하지 못한 존재의 세계와 존재자의 세계 간의 단절을 매우 발전적이고 합리적인 방법으로 연결하고 있다.

(4) 이데아란 무엇인가

우리는 이데아가 무엇이고, 이데아 세계는 어떤 범위를 가지고 있으며, 이데아 세계는 어디까지 이르고 있는가를 아주 상세하게 알고 싶어 한다. 야스퍼스는 플라톤이 그때마다 맥락에 따라 이용하는 많은 숙어상의 표현들을 모은다면 혼란스러운 상황에 빠질 수 있다고 말한다. 플라톤은 그 숙어 또는 표현들을 다음과 같은 단어들로 나타내고 있다. 즉 형상形象, Gestalt, Eidos, 형상形狀, Form, morphe, 유類, Gattung, genos, 본질Wesen, usia, 일적 존재一的 存在, Einheit, monas, henas, 중재적·관계어적 표현들: '그 무엇was', '존재하는 것was es ist', '그 자체Selbst', '미 자체die Schönheit selbst', '말馬 자체das Pferd selbst', '즉자卽自, an sich', 존재Sein의 표현들: 존재자das Seiende, 존재하는 존재자 das seiend Seiende, Ontos on, 복수 대신 단수: 말馬들과 대조되는 말, 아름다운 사물들과 대조되는 아름다움, 존재하는 사물들에 대조되는 존재.

야스퍼스에 의하면 이데아 세계가 얼마나 폭넓게 이르고 있느냐는 물음은, 즉 어떤 방식으로든 존재하는 일체의 것이 자기의 이데아를 가지고 있느냐는 물음은 『파르메니데스』에서 논구되고 있다. 『파르메니데스』에서 플라톤은 크기의 유사와 종류의 유사라는 이데아, 정의의 이데아 및 미의 이데아, 인간의 이데아 및 다른 생물의 이데아, 제작된 일용품, 즉 책상, 침대 등의 이데아, 불, 물과 같은 원소들의 이데아, 그리고 진흙, 오물, 경멸적인 사물 등의 이데아를 목록으로 만들고 있다. 『소피스트』에서 플라톤은 존재, 유類, 상이, 정지, 운동 따위와 같은 다섯 가지 최고의 이데아들에 관하여 말하고 있다.

선, 즉 존재의 피안도 또한 이데아라고 일컬어진다. 그러나 이 명칭은 오해의 소지가 있다. 야스퍼스는 선은 다른 모든 이데아들로부터 구별된다고 주장한다. 그것은 마치 존재 자체를 부여하는 창조적인 힘이 움직임도 작용도 없는 원형 또는 존재자의 모범으로부터 구별되는 것과도 같다.

(5) 어떤 실행 가능한 현실화가 이데아론을 기초하고 있는가?

사유된 것의 의미는 그것 자체로서는 한결같이 무시간적이다. '피타고라스 정리'의 내용은 무시간적으로 타당하다. '피타고라스 정리'의 발견과 뒤이은 내용에 대한 모든 사유는 시간적이다. 무시간적인 강제적 타당성에 대한 수학적 통찰의 도상에서 존재는 영속적이면서 불변적인 존재로서 나타난다. 우리가 보편타당한 것을 이해할 경우에 그것을 피할 수 없고 그것 가운데서 확고한 확실성을 경험한다.

그것에 의해 한 사물이 통일성을 가지고 그것에 의해 비로소 그것이 존재하는 바의 것으로 존재하는 그런 것, 그것은 야스퍼스에 의하면 영속적인 성격을 지닌다. 말馬의 개념은 영속하지만, 개체로서 말은 죽어 없어진다.

우리는 영속적인 것으로 인식하는 바를 감각적 지각으로부터 끌어낼 수는 없고, 오히려 그것을 감각적 지각의 실마리에 의해서 경험한다. 수학자는 가시적 형상을 이용하지만, 반면에 그의 사유의 대상은 이러한 가시적 형상이 아니고 오히려 그것의 모사, 즉 정방형 자체, 대각선 자체이다. 형태는 누구도 사유하는 오성에 의하지 않고는 다른 어떤 방식으로서도 인식할 수 없는 것을 인식하도록 도와주는 도해圖解로 이용된다.

우리는 끊임없이 변화하는 세계에 대한 감각적 지각에다 시간을 초월한 영속적인 인식을 덧붙인다. 이 영속적인 인식은 우리가 그것을 의식으로 인식할 경우 이전에 이미 우리의 내면에 현존하고 있었다. (나중에 이 인식은 후천적인 경험과 대조적으로 선천적 인식이라고 불렸다.) 플라톤은 『메논』에서 우리가 본래적으로 이미 알 수 있었고, 말하자면 단지 상기할 뿐인 것을 인식에 있어 어떻게 (수학의 예에서) 발견하는가를 나타내 보이고 있다. 대상적으로 이해할 수 있는 것을 넘어 걸어가는 도상에서 무엇에 의해 모든 것이 존재하고 어디로부터 모든 것이 밝혀지는가 하는 것이 확인된다.

철학함에서 우리는 사물을 은유로써 본다고 확신한다. "시간은 영원히 운동하는 표상이다." 모든 표상은 시간과 공간에 속한다. 표상을 통해서 우리에게 나타나는 참된 존재는 시간도 없고 공간도 없다.

(6) 이데아론의 고정된 해석

이데아론의 다양한 의미를 고려할 때 이데아론을 하나의 원리로 환원하고 그것을 전체로써 해석하여 그 의미를 고정하는 것은 헛된 일이다. 야스퍼스는 이데아란 현실적인 형상도 아니고 객관적인 형태도 아니며, 감각적으로 지각할 수 있는 사물과 같은 것도 아니고, 표상도 아니고, 환상적인 인상도 아니고, 개념도 아니며, 타당한 주장도 아니고, 오히려 이 모든 것을 함축하고 있는 그런 것이라고 주장한다.

플라톤의 이데아론을 체계적으로 서술하는 것은 헛된 일이다. 이데아론을 생생하게 그려 내는 방식을 학습 형태로 다루는 사상의 방식은 터무니없는 일이다. 플라톤은 자기의 이데아론을 그려 냄에 있어 여러 가지 방식을 지향하고 있다.

우리는 이데아론을 플라톤의 사유에 있어 초기부터 성숙과 완성을 향해서 많은 걸음을 시도한 사유의 전개로서는 이해하지 않는다. 이데아에의 사유는 아마도 40년에 걸쳐 일련의 대화집에서 전개되고 있었던 것 같다. 그러나 통일된 이데아론은 없고, 오히려 관념군만이 있을 뿐이다. 이 관념군 가운데 어떤 것들은 초기의 대화집들에 있고 다른 어떤 것들은 후기의 대화집들 가운데 나타나 있다.

이러한 사유의 진행 도상에서 이데아에 대한 사유는 본래적 존재를 향한 사유의 상승에 있어 본질적인 역할을 한다. 그러나 이데아의 표현은 이러한 사유에의 상승이 그때마다 전달하는 방식에 따라 변화한다. 이데아는 그것이 학설로서 고정되고 해결 불가능한 문제로서 인식될 경우에 플라톤에게는 비판의 대상이 된다. 그는 다음과 같이 문제를 제기한다. 선의 이데아만이 존재하는지 또는 악의 이데아도 존재하는지? 이 많은 이데아들은 서로 어떻게 관계하는지? 그 많은 이데아들은 어떻게 존재하면서 동시에 존재하지 않는지?

야스퍼스는 플라톤이 이데아론을 전개함에 있어 이데아와 가상적 사물 간의 차이, 즉 이데아 세계와 현상세계 간의 차이, 인간의 인식과 행위의 의미를 비유의 방법을 통해서 시사함으로

써 이데아에의 인식자로 하여금 영혼의 깨우침을 가능하게 하고
자 시도하고 있다고 말한다. 이러한 목적에서 창출한 비유의 극
치가 바로 철학사적으로 위대한 비유로서 간주되고 있는 '동굴의
비유das Höhlengleichnis'이다.

(7) 동굴의 비유

플라톤은 자기의 대표적인 대화집인 『국가』 가운데 제7권에서
그 유명한 '동굴의 비유'를 통해 이데아 세계인 존재의 세계와 감
성의 세계인 현상세계, 즉 가상의 세계를 은유의 방식으로 묘사
하고 있다. 이와 동시에 플라톤은 이 '동굴의 비유'에서 은유의 표
현 기법으로 양 세계에 있어서의 인식 방식, 삶의 방식과 맹목의
비유, 인간의 존재와 본질로서 초월의 비유를 그려 내고 있다.

플라톤이 설명하고 있는 '동굴의 비유'의 내용을 압축·요약하
면 다음과 같다.[*]

어릴 적부터 지하의 동굴 바닥에서, 즉 불빛 쪽을 향해서 길게 난

---

[*] '동굴의 비유'에 대한 이해를 돕기 위해 『국가』에서 묘사되고 있는 내용을 여기에 저
자 임의로 인용한다.

입구를 등지고 온몸을 꼼짝 못하고 앞만 볼 수 있게 팔과 다리와 목이 묶인 상태로 있는 사람들을 상상해 보자. 이들의 뒤쪽에는 밝은 불빛이 타오르고 있다. 이 불과 죄수들 사이에는 뒤쪽으로 (가로로) 길이 하나 나 있는데 이 길을 따라 낮은 담장이 세워져 있다.

이 담장을 따라 사람들이 온갖 물건이며, 인물상이며, 동물상들을 담장 위로 쳐들고 지나간다. 이런 사람들과 이들이 쳐들고 다니는 모든 물건들이 불빛에 의하여 죄수들이 바라보고 있는 맞은편 동굴 벽면에 투영된다. 죄수들은 서로 볼 수 없고 맞은편 벽면에 투영되는 그림자만 볼 뿐이다. 그리고 죄수들은 지나가는 그림자들의 말소리만 들을 수 있다. 그들은 자신들이 벽면에서 보는 그림자들을 실물(실재하는 사물)들이라고 생각한다. 그들 가운데 어떤 죄수 하나가 그를 묶은 포승(죄수를 묶는 노끈)을 풀고 일어나서 목을 돌리고 곁에 가서 불빛 쪽으로 쳐다보도록 강요당할 경우에 그는 고통스러워할 것이고, 눈부심 때문에 그림자로만 보았을 뿐인 실물들을 볼 수도 없을 것이다. 그러므로 그 죄수는 앞서 보고 있었던 그림자가 방금 보고 있는 실물보다 더 진실한 것이라고 생각한다. 더욱이 누군가가 그를 이곳으로부터 험하고 가파른 오르막길을 통해 억지로 끌고 나간다면, 그리하여 그를 햇빛 가운데로 데리고 간다면 그는 눈부심에 한층 더 고통스러워하며 자신이 끌려온 데 대해 짜증을 낼 것이다.

그가 드디어 빛에 이르게 되면 그의 눈은 광휘로 가득 차서 이제는 진실한 것이라고 믿었던 것들 중의 어느 것 하나도 볼 수 없게 된다. 그러나 그의 눈은 서서히 밝음에 익숙해진다. 이 경우에 그는 처음에는 그림자들을 제일 쉽게 보게 될 것이고 그다음으로는 물속에 비친 사람들이나 다른 것들의 영상을 보게 될 것이며, 실물들은 그런 뒤에야 보게 될 것이다. 더 나아가서는 하늘에 있는 것들과 하늘 자체를, 밤에는 별빛과 달빛을 봄으로써 더 쉽게 관찰하게 된다. 낮에 해와 햇빛을 봄으로써 그것들을 관찰하는 것보다도 더 쉽게 말이다. 마지막에는 태양을 인식하게 된다. 따라서 태양이 계절과 세월을 가져다주며 가시계可視界에 있는 모든 것을 다스리며, 어느 면에서는 그를 포함한 동료들이 보았던 모든 것의 원인이 바로 이것이라는 결론을 내릴 것이다.

그는 이전 주거와 그곳에서의 지혜 그리고 그때의 동료 죄수들을 상기하고서는 자신의 변화로 해서 자신은 행복하다고 여기되 그들을 불쌍히 여기게 될 것이다.

이 죄수가 다시 동굴로 돌아간 경우를 생각해 보자. 이 경우에는 위에서 말한 경우와는 정반대일 것이다.

햇빛 속에서 갑자기 어둠 속으로 왔기 때문에 그의 눈은 흐리고, 어둠에 익숙해질 때까지 시간이 걸릴 것이다. 그때까지 줄곧 어둠에 익숙한 채로 있던 동료 죄수들은 그보다 명확하게 영상을 볼 수 있기 때문에 그를 비웃을 것이다. 그리고 그가 위로 올라가더니(광명세계로 올라가더니) 눈을 버려 왔다고 하면서 상승할(위로 올라가려고 애쓸) 가치조차 없다고 말할 것이다. 그래서 자기들을 풀어 주고서는 위로(동굴 바깥으로) 인도하려고 하는 자를 자신들의 손으로 죽이고자 할 것이다.

이 동굴의 비유가 담지하고 있는 함축적 의미에 의하면 동굴의 지상세계에 대한 관계는 지상세계의 이데아 세계에 대한 관계와 같고, 해방될 죄수가 지나는 여러 계단은 선에 의하여 상정된 여러 계단에 거의 대응한다. 동굴의 비유에서 동굴은 가시계를, 즉 현상세계 및 억견의 세계를, 동굴 안의 불빛은 태양의 광휘에 해당하는 이성의 빛을, 죄수의 경우는 인류 대부분의 경우를, 즉 본래적 세계, 존재의 세계 그리고 진리를 깨닫지 못하고 감성세계에 집착하고 있는 사람의 경우를 표시한다. 죄수의 광명세계에로의 상승은 선의 이데아가 최고의 지위에서는 순수사유에 있어 실재세계에로 정신이 상승함을 의미한다.

죄수들이 단지 진실의 그림자를 보고 그 메아리를 들으며 만족하고 있는 것처럼 대다수의 사람들은 자신과 세계에 관해서 왜곡된 매개에 의하여, 즉 자기 자신의 감성, 욕정, 편견에 의하여 그리고 말이나 수사修辭에 의하여 오류를 범하곤 한다. 그럼에도 불구하고 그들은 그것을 모르고 현실에 안주하고, 감히 그것으로부터 탈피하고자 하지 않는다. 직접 해석하자면 속견, 전통, 습속 등 기존의 지식에 속박되어 있는 일상적 인간들은 현존재의 세계로부터 벗어나지 못하고 무반성적으로 일상적 삶에 파묻혀 살아간다. 그들의 눈은 영원히 빛을 등지고, 말하자면 이성적 자기 성찰에의 지향을 포기하고 자신들의 억견과 기존의 지식 이외의 것이라곤 전혀 알려고조차 하지 않는다.

그러나 지극히 드물게 동굴에서 해방되는 자가 있어도 참된 지식에로의 길이란 고통을 수반하는 것임을 경험한다. 다시 말해서 철학적 자기인식을 감행하는 경우 그런 사람에게 자기 성찰과 자기인식에의 길이란 엄청난 절망 또는 좌절을 수반한다는 것을 알고 있어야 한다. 아주 드물지만 동굴을 나와서 빛을 본 후에 동료 죄수들에 대한 연민으로 다시금 돌아와서 그 견문을 고

하는 자가 있어도 그들은 이것을 조소하고 만다.

여기서 동굴을 나와서 빛을 본 자는 곧 철학함을 통해서 이데아 세계를 인식하고 감각세계는 가상의 세계에 불과하다고 확신하고 있는 철학자를 가리킨다. 동굴은 감성적 현상세계 또는 가상세계를 시사하며, 따라서 이 현상세계에서 벗어나기 위해서는 무엇보다도 자기가 동굴이라는 감각세계에 갇혀 앞 벽면에 투영되고 있는 실물의 그림자를 진상眞象인 것으로 착각한 채 살아간다는 사실을 성찰하지 않으면 안 된다. 요컨대 플라톤은 동굴의 비유를 통해서 우리의 인식이란 생성의 영역에서 존재로 방향전환하지 않으면 안 된다는 것을 지시한다.

야스퍼스는 이 동굴의 비유가 시사하는 주제들, 즉 동굴의 거주자로서 인간의 이미지, 중세 철학에서 중요한 역할을 했던 빛의 형이상학, 태양에 의한 모든 생명의 창조가 역사적으로 존속해 왔다고 주장한다. 특히 야스퍼스는 동굴의 비유로부터 플라톤의 철학함에서 결정적인 역할을 하는 비유의 세 가지 계기를, 즉 방향 전환, 인식의 여러 단계들, 인간의 삶의 두 가지 방향을 도출할 수 있다고 말한다.

(a) 방향 전환

야스퍼스는 동굴의 비유에서 포승을 풀고 동굴의 바깥에 나가서 견문을 넓힌 죄수가 동굴로 돌아와서 동료 죄수들에게 실재 세계에 관하여 말하는 것은 바로 방향 전환을 고취하는 일종의 철학적 교육의 알레고리라고 말한다. 그는 인간의 방향 전환에 관하여 다음과 같이 해석하고 있다.

인간의 통찰은 방향 전환과 결부되어 있다. 인간의 통찰은 외부로부터의 주어짐에 의해서도 일어나지 않고, 두 눈을 끼워 넣음에 의해서도 일어나지 않는다. … 동굴 속에서 전 육체와 함께 두 눈을 전회하는 일이 일어나는 것과도 같이 인식은 전 영혼과 함께 존재에로 전회하지 않으면 안 된다. 교육은 이처럼 방향 전환을 야기하는 예술이다.

이성적 통찰의 능력은 그 신적 근원 때문에 항상 은밀한 힘으로 현재한다. 그러나 이성적 통찰은 전회에 의해서 비로소 유익하게 된다. 그렇지 않으면 그것은 해로운 것이 된다.

(b) 단계론

야스퍼스는 동굴의 비유에서 인식이란 반드시 단계의 길로 나아가야 한다는 것을 지시하고 있다고 말한다. 구체적으로 말해서 인식은 감각 지각으로부터 (수학에 있어) 순수한 사상에로, 순수한 사랑으로부터 이데아에로(수학적 인식으로부터 변증법적 학문에로), 이데아로부터 존재의 저편 영역에로(이데아로부터 선의 이데아에로) 나아가야 한다는 것이다. 달리 말하면 인식은 감각적 경험으로부터 올바른 의견에로 나아가지 않으면 안 된다는 것이다. 야스퍼스는 이러한 관점을 다음과 같이 피력한다.

> 'Doxa'(초현세적 초자연적 신의 존엄 또는 위엄)는 개체적 진리가 근원으로부터 솟아오르는, 즉 초월적인 세계의 빛으로부터 한 줄기의 빛이 나와서 (거기에는 영혼이 길을 잃는바) 어둠을 밝힌다는 그런 표현이 된다.

'Doxa'로부터 인식은 학문을 넘어 이데아의 순수한 빛이 빛나는 보다 높은 단계로 나아간다. 'Doxa'로부터 인식은 그것에 의해서 비로소 이데아가 빛날 수 있고 존재 가능할 수 있는 것과의 접촉에로 나아간다. 단계들의 국면에 따르면 그 단계들은 인식의 단계, 인간의 자기 행동의 단계, 존재자의 단계 등이다.

이 단계의 길은 인식을 심화시켜 영혼의 순수에 있어 자기생성을 가능하게 하는 그런 길이다. 이 길은 궁극적으로 최고의 것을 보는 방향으로 인도한다. 플라톤은 단계들에 관하여 『국가』 6권과 7권, 『제7 서한』, 『심포지엄』에서 말하고 있는데 그중 『심포지엄』에서는 다음과 같이 말하고 있다.

인간은 항상 이러한 아름다운 사물들에서 시작하여 아름다운 것을 향해 위로 올라갑니다. 마치 사다리를 올라가듯 이 하나의 아름다운 육체에서 두 개의 육체로, 두 개의 아름다운 육체에서 모든 아름다운 육체로, 아름다운 육체에서 아름다운 처신으로, 아름다운 처신에서 아름다운 인식에로 나아갑니다. 그리하여 마침내는 여러 가지 인식에서 미 자체의 인식에 도달하게 되어 미의 실체를 알 수 있게 됩니다. 소크라테스 씨의 인생은 이 경지에 이르러야 비로소 미 자체를 볼 수 있으며 또한 이러한 사람만이 살 만한 가치가 있는 겁니다.

초기 단계에 머무를 때 우리는 마치 최고의 단계가 존재하지 않는 것처럼 말하려 한다. 그러나 최고의 단계에서의 대화는 최고 단계의 안내에 의해서만 진리를 획득할 수 있다. 만일 이러한 안내가 없다면 우리는 가상에 의해서 지배된다. 그 경우에 우리는 당혹과 완강한 저항 상태에 머무른다. 왜냐하면 우리는 진리에의 인도와 내적 결속을 결여하고 있기 때문이다. 우리는 최고의 단계에 이르기 위하여 항상 최고의 단계를 마음속에 품고 있어야 한다. 그 자체에 있어 낮은 단계는 무지와 몰이해 가운데 갇혀 있다. 이것이 가져오는 결과는 최고의 대상들 자체에 이르기 위하여 불가피한 낮은 단계들을 넘어서는 사람과 최고의 대상들에 상응하는 최고의 인식 단계들에 관계하는 사람이 기묘한 상황에 빠진다는 것이다. 왜냐하면 그때 항상 낮은 단계에 갇혀 있는 사람은, 즉 "논박에 익숙한 사람은 그가 원한다면 승리하는 경기를 가지며 연설, 저술 및 답변에서 자기의 사상을 표현하는 어떤 사람도 서툰 사람에 불과하다는 것을 많은 청중들로 하여금 확신시킬 수 있기 때문이다." 왜냐하면 낮은 인식 단계에서 진리는 모순 가운데서 운동하지 않으면 안 되기 때문이다.

그와 동시에 청중들은 때때로 정신이 사유하는 것이란 논박되지 않고 오히려 본래부터 낮은 인식 단계의 부적당한 본질이라는 것을 전혀 알지 못하고 있다.

(c) 인간 삶의 두 가지 필연적인 방향

사유하는 영혼의 태도에게는 두 가지 방향이 열려 있다. 하나는 현상세계로부터 영원의 세계에로 열려 있고, 다른 하나는 영원의 세계로부터 다시금 현상세계가 보이고, 파악되고, 형성된다.

야스퍼스에 의하면 플라톤의 철학함은 이 두 가지 방향에서 수행되고 있다. 즉 플라톤의 철학함은 존재를 지향하고 존재로부터 지향한다. 인간은 세계 내 '여기'에 존재한다. 인간은 자기 자신이 본질적인 것이 되기 위해서 본질적인 것과 접촉함으로써 세계를 넘어 저편을 바라봐야 한다. 그러나 그 경우에 사상의 비약의 결과로 이 세계 내로의 재등장이 가능해진다. 세계로부터의 이반은 우주의 형이상학적·신비적 개념의 복귀에서 기인한다. 폴리스의 삶으로부터 영원한 왕국에로의 전향은 정치적 삶으로의 귀환을 의무화한다. 야스퍼스의 해석을 따르면 플라톤의 비약은 우리를 세계의 파기에로도 인도하지 않고 전달 불가능한 황홀에로도 인도하지 않으며 신을 향한 숭배에로도 인도하지 않는다.

야스퍼스는 플라톤과 플로티노스를 비교할 경우 그 공통성은 세계 편견으로부터의 해방에 있다고 주장한다. 그런데 플로티노스는 세계로부터의 해방에 스스로 만족하는 반면, 플라톤의 철학함은 세계 내에서 그 과제를 떠맡는다. 그러나 플라톤은 척도와 인도가 그것에서부터 나오는바 초지상적 영역을 지향하기 때문에 이 과제를 실현할 수 있다.

4) 플라톤의 위대함

야스퍼스에 의하면 아마도 사람들은 대체로 개인적 인물의 위대함과 완전함에서 철학을 보고 싶어 할 것이다. 플라톤에게 이러한 완전함은 소크라테스에 있는 것으로 생각된다. 플라톤이 현존한 이래 서양 철학자들은 소크라테스와 플라톤의 이원성 및 통일성 가운데 배열되어 있다.

우리에게 유일무이하면서 동시에 우리가 능가할 수 없는 진리가 그의 사상에서 보인다는 것이 플라톤의 위대함을 지시하는 것 같기도 하다. 야스퍼스는 이러한 입장을 다음과 같이 요약하고 있다.

첫째, 플라톤은 사유에서의 독립성을 사유를 통해서, 무지의 지知로써 획득했다. 사유의 이러한 힘은 소크라테스를 통해서 그에게 왔다. 그것은 소크라테스와의 일치에서 펼쳐졌다. 그는 모든 학설에서 자유로운 해석을 얻는다. 말로 표현할 수 없는 모든 것과 따라서 대상적으로 사유될 수 없는 것이란, 그 자체로 결정적인 의미를 지니고 있기 때문에 플라톤은 자기 사상의 지배자가 되고 있다.

그는 어떤 사상이든 기존의 사상에의 의존은 철저하게 없애 버렸다. 그는 사유의 의미를 변증법적 사변에서 이해한다. 그러나 그와 동시에 변증법적 사변이 결정적, 최후적인 한, 그는 사유의 의미를 그 사변의 좌절에서 파악한다. 그는 신화의 의식적 언어를 통하여 사변을 보완했고, 철학에 있어 신화의 정당화를 시도했다. 그러나 그는 신화의 모든 현현을 자기의 진지한 사변의 유희에서 극복했다. 합리적인 것의 가동성에서 그는 본래부터 주어지지 않는, 즉 합목적적인 노력에 의해서는 획득될 수 없지만, 사유 자체에서, 사유의 한계에서, 사유하는 존재의 자유로부터 말하여질 수 있는 실체적인 것을 인식했다. 그것은 밝혀질 수 있고 손상되거나 약화될 수 있다. 토대가 없는 사유 자체에서 토대가 감지될 수 있다.

둘째, 이러한 토대는 플라톤에게는 사유에 의해서 간파될 수 없는 실재에서 나타난다. 세계 내 모든 성공에 있어 신적 명령은 결정적이다. 그의 자율적 사유의 자유는 역사적 결속에 기초되어 있다. 그러므로 플라톤에 있어서는 사유의 순수한 독립을 향한 행보가 감행되고 있다. 이러한 사유의 순수한 행보는 『소피스트』에서는 아직 토대가 없는 세계주의를 지향했다. 그와 동시에 그는 아테네인으로 남아 있다. 폴리스에 대한 고발에서 그는 한계를 경험했다. 그는 대서양인에 대한 아테네 투쟁에 있어 도시의 신비적 과거를 미화했다. 그는 스파르타 및 이집트의 특성을 존중하면서도 아테네인들의 자유로운 정신적 삶의 우위를 결코 부인하지 않고 있다. 그러므로 플라톤의 철학에는 혈통에 대한 외경, 경건, 사랑의 정서가 있다.

셋째, 플라톤은 후기 철학자들이 개인의 자기충족적 철학에만 국한하는 것과는 달리 철학적 삶 가운데 철학함의 실현을 발견하고 있다. 그는 자기의 기쁨에도 엄청난 슬픔에도 빠지지 않는 것을 자랑스럽게 생각하는 스토아학파와 같이 자기의 삶을 곤궁하게 만들지도 않는다. 오히려 플라톤은 에로스에서, 비존재로부터 존재로의 활력적인 비약에서, 위험과 역전逆轉에서 철학함을 하는 가운데 삶을 산다. 플라톤의 철학은 사랑의 삶의 철학이다. 다시 말해서 그의 철학은 지를 창조하고, 현존재를 소모하고 인간들을 존재의 견인력에 의해서 존재에로 끌어당기는 힘으로서 사랑의 삶의 철학이다. 플라톤의 철학에서는 이러한 철학적 에로스가 가진 진리로부터 불꽃이 튀어 발화함으로써 그 이후의 모든 본질적인 철학함이 실현된다. 어떻게 사랑하며, 무엇을 사랑하며 무엇을 기억하는 것, 그것이 인간 자신이다. 인간은 자기의 사랑에 의하여 본래적인 존재를 알아차린다. 단테, 브루노, 스피노자는 이러한 근본진리를 입증했다. 깨달음을 실행한 인간에 있어 근원의 진동은 비약이 일어나지 않을 때 불만에 의하여 촉진되는 쉬지 않는 운동으로 그를 가져다 놓는다.

넷째, 플라톤의 위대함은 여러 가지 반영에서 입증된다. 만일 사람들이 그에게서 체계의 교사, 과학적 탐구자, 신화의 시인, 지배적인 국가창건자, 구원을 알리는 종교적 예언자를 보았다면 그것은 그의 내면에 우선 이 모든 것으로 보일 수 있는 그 무엇이 있다는 것을 의미한다. 그러나 이러한 해석 가운데 그 어떤 것도 그를 나타낼 수 없고 모든 것이 과장되어 있다. 그는 일생 동안의 사유운동에 있어 포괄적이었으며, 삶 자체와도 같이 긴장으로 가득 차 있었고 애매했다. 그는 깨달은 자였고, 길과 목표를 단지 간접적으로만 지시한 자이며, 불만의 선동자였다.

5) 플라톤의 한계

플라톤은 그의 철학적 근본태도와 그것으로부터 발원하는 사고방식에 있어 어떤 사람으로부터의 추월도 허용하지 않는다. 야스퍼스에 의하면 이러한 주장은 오늘날까지 거부되지 않으며 쉽사리 감지된다. 플라톤의 철학적 높이를 탐지한다는 것은 어떤 점에서는 무한정으로 가능하기까지 하다. 그러나 그가 삶의 도상에서 사용한 내용들, 즉 표상, 기획, 구체적 직관, 목표 설정에 대해서는 이와 같이 말할 수 없다. 이러한 것들을 절대적인 것으로 설정한다는 것은 플라톤 자신의 사고방식에는 위배된다. 우리가 플라톤의 사상을 자기화함에 있어 그의 내적인 삶의 상태, 정치적 의식, 연구 의지 등의 한계가 드러날 경우에 그것들을 은폐해서는 안 된다고 여기는 것은 중요하다.

야스퍼스는 우리가 플라톤 사상을 평가함에 있어 근거해야 할 객관적인 척도는 플라톤 이후 역사적으로 나타난 사상의 전개에서 발견해야 한다고 말한다. 예컨대 그 객관적인 척도는 성서적 종교와 근대의 보편적 과학성에서 찾아질 수 있다는 것이다. 야스퍼스의 입장을 따르면, 성서적 종교는 정치적 자유의 기초를 닦았다.

위대한 인간으로서 플라톤조차도 그의 역사적 세계의 주위와 결부되어 있다. 역사적 세계에 있어 그는 자기의 위대함이 시대를 초월해서도 통용될 만큼 그것을 전개해 나갔지만, 그의 한계 역시 그의 역사적 외관을 통해서 드러나기도 한다.

야스퍼스는 플라톤에 있어 그의 사고방식의 세 가지 한계가 성서적 종교, 정치적 자유, 근대 과학 등의 척도에 의하여 드러나고 있다고 주장한다. 이러한 한계는 플라톤의 철학적 근본태도에 있지 않고, 일부는 그가 철학함을 함에 있어 이용하는 질료에 있고, 일부는 일정한 실재들과의 관계에서 나타나는 정조情調에 있다. 네 번째 한계는 그의 철학함이 학설과 아카데미아의 철학이 될 때 플라톤 자신의 척도에서 감지될 수 있다.

(1) 성서적 종교를 척도로 해서 본 한계

성서적 종교는 세계를 무에서 창조했고, 세계 종말로 말미암아 세계가 다시금 하늘나라로 사라져 버린다는 신의 사상을 가지고 온다. 이로 말미암아 새롭고 극단적인 급진성이 가능해진다.

첫째, 세계 내 존재의 불완전성
둘째, 인간 존재의 역사성
셋째, 인간의 행위와 인식에서의 악
넷째, 모든 인간 영혼의 대신할 수 없는 의미와 가치

야스퍼스는 플라톤의 사유가 이와 같은 지평 내에서 어떻게 보이는가를 다음과 같이 분석한다.

첫째, 플라톤에 있어 세계 내는 완전성을 지니고 있다. 사고는 현실 자체에 관여한다. 덕은 가능적이다. 오류와 죄는 본질적으로 생성이 일어나는바 물질의 비존재에 의한 일탈이다. 그것은 근본적으로 극복 가능하다. 세계 내 완전은 영원한 이데아의 모사로써 가능하다. 불완전은 그것의 근원, 즉 비존재와 동일시된다. 화禍로부터 오는 파괴적인 고통, 황량에서의 절망, 세계존재 자체의 가망 없음은 플라톤에게 가능적 심리상태로서는 생소하다. 그는 허무주의의 심연도 신성神性의 직접적인 도움을 염원하는 열망도 알지 못하고 있다. 플라톤은 인내하면서 신적인 것에 닮아 가는 길을 조용히 걸어간다. 그는 도움을 필요로 하지 않지만, 신의 섭리를 기대한다. 그는 총체적인 몰락에서 무한한 시간의 단순히 시간적으로 사소한 과정을 본다.

그러나 다른 또 하나의 심리상태가 쉽사리 감지된다. 플라톤의 정치적 사유가 행해진 무대는 그가 절망적이라고 인식하고 있었던 아테네였다. 이러한 재앙에 대한 고뇌는 그의 철학의 주요 동기였다. 그는 관여하지 않는 관객이 아니라, 오히려 관여할 준비 상태에 있는 철학자였다. 대화집에서 그가 언표한 반어적 말들은 아테네에 대한 그의 사랑을 나타내는 기념비이다.

둘째, 플라톤은 역사성에 관해서는 모른다. 그는 돌이킬 수 없는 영원한 결단이 이루어지는 역사를 몰랐고, 오히려 오늘 성공하지 못한 것이 무한한 시간 속에서 그 언젠가 신의 섭리에 의해 이루어지는 것을 조용히 바라보았다. 그는 거기에서 순간을 놓치지 않는 유일한 구체적·역사적 시간을 알지 못했다. 다시 말해서 그는 거기에서는 모든 기회가 잡히는, 즉 사람들이 구체적인 조건들을 수용함으로써, 역사적으로 주어진 토대 위에 섬으로써 무한히 먼 목표에 이르고자 노력하는바 유일한 구체적·역사적 시간을 알지 못했다. 플라톤은 또한 결단에 있어 시간과 영원이 합일되는 역사적 일자와 결속하는 개별적 인간의 역사성에 관해서도 모른다.

이러한 비판은 그의 이데아의 의식적 발전에도 적용된다. 그러나 플라톤은 순간에 관해서는 알고 있다. 다시 말해서 그는 인간들 간의 —오랜 공동생활에 의해— 진리의 확실성에 대한 일치에서 번쩍이며 솟아오르는 불꽃에 관해서는 알고 있다. 플라톤이 현실적으로 소크라테스에 대한 사랑에서 존재했던 것은 그에게 실존의 역사성으로서 철학적 의식에로 들어오지 않았다. 그는 이 사랑을 에로스 일반과 같이 단지 보편성에서만 사유했다. 플라톤의 작품에서 대화의 구체성과 보편적 개념 간의 긴장은 역사성의 표현으로서 이해되고 있다.

셋째, 플라톤은 불가피적인 무서운 현실 가운데서 악을 의식하지 않고 있다. 그러므로 그의 심리학은 악의 없이 마음을 끌 수 있다. 그의 심리학적인 직관의 구상적인 명료성은 실재의 특징을 아름다운 단순성에서 드러내고 있다. 그러나 그는 이와 같은 객관화에 있어 단지 의식적인 것만을 인식한다. 무의식적인 것은 무지와 동일시된다. 자기반성은 결국 재빨리 이루어진다. 자기반성은 변증법적으로 이해되는 조명에서 비로소 열리는 내면성의 심연을 인식하지 못한다. 플라톤은 자기 자신의 내면적 삶을 향한 고귀함을 유지하고 불안한 것을 엄정한 침묵 속에서 무시한다. 그는 근본에 있어 섬뜩한 폭력에 직면하여 당혹할 경우에 힘으로 그것을 해결하기 위해 자기기만 속으로 꿰뚫고 들어가려 하지 않는다. 그의 심리학은 단지 무지의 결과에만 관심을 가진다.

플라톤은 사악한 세계영혼 그 이상의 것을 알고 있다. 『고르기아스』에서 사악이 무지로서 추방된 이후 칼리클레스Kallikles 자신은 악한 의지의 체현으로서 육체를 갖춘 가운데 서 있다. 『필레보스』에서 플라톤은 내친김에 타인들의 불행, 하물며 벗들의 불행에서 유래하는 악의적인 즐거움을 즐기는 사람들에 대해서 말하고 있다.

넷째, 국가 기획에 있어 플라톤은 놀라운 가능성을 드러낸다. 즉 그것은 결혼 폐지, 어린이 공동 양육, 우생학 사상, 노예 평가, 노인 추방(왜냐하면 그들은 더 이상 교육을 받을 수 없기 때문이다), 대다수 인간들을 무지하게 복종할 수 있도록 격하하고, 아가톤에의 비약에로 발전시키는 것으로부터 배제하는 것, 만성적 불치병은 치료해서는 안 된다는 것 등을 지시한다.

나는 어떤 인간이 육체적으로 불행할 경우에 삶을 산다는 것은 그로서는 유익하지 못하다고 생각하네. 왜냐하면 그렇게 사는 사람은 필연적으로 불행한 삶을 살 수밖에 없기 때문이네.

이 모든 가능성에 있어 플라톤은 이미 고대에서 박애와 인류애라고 일컬었던 것을 부정한다.

플라톤의 에로스는 감성적인 현상과 철학적 해석에서는 우리의 내면에서 불만족을 야기하는 한계들에 의하여 봉쇄된다. 그리스인들이 당연하다고 생각했던 동성애와 여성에 대한 사랑의 파기는 이것 자체가 플라톤 사상의 진리를 빼앗지는 않지만, 우리에게 생소한 것에 대한 내면적 극복을 동반감정으로 요하는 플라톤 사상의 역사적 외관이다. 철학적 해석이 한 개인에 대한 사랑의 역사적 실존을 무시하는 가운데 오직 이데아에만 집중함으로써, 플라톤 사상은 서양에서 성서적 근거에서 가능했던 이성 간의 사랑을 형이상학적 의미에서 재인식하는 것만으로 충족되지 못한다. 플라톤에 있어 성적 관심 일반을, 즉 성적 행위를 악으로 낙인찍는 경향은 감성적 자기의 실현을 불가능하게 만든다. 다시 말해서 성행위 일반을 악으로 나타내는 플라톤의 성향은 영원의 서약으로써 육체적 사랑을 실현하려는 길을 막는다. 감성적인 것은 그것을 근절함으로써만 비약의 동기가 된다. 즉 고상하게 되는 유일한 현실이 된다.

플라톤의 에로스는 아가페를, 즉 인간으로서 인간에의 사랑, 이웃에의 사랑을 알지 못한다. 그러므로 플라톤은 또한 인간의 품위를 모든 인간에 있어서의, 그리고 모든 인간 쪽에서의 권리로 보지 않는다.

(2) 정치적 자유를 척도로 해서 본 한계

플라톤의 정치적 사고는 중세 이래 유럽 세계에서 세계사적 현실이 획득한 정치적 자유 이념을 결여하고 있다. 정치적 자유 이념은 플라톤의 지평 바깥에 놓여 있다. 솔론의 시초에서 나타났던 것은 고대 민주주의에서 쇠퇴되었고, 그 후에 더 이상 분명히 표현되지 않았으며 또한 혼합된 헌법 사상에서도 언표되지 않았다.

플라톤의 탁월한 독창력으로도 적법성의 형식을 통해서 그 운동과 기회에 있어 자유 헌법을 선취하지 못했다. 그는 철인통치자의 지배를 창안했고, 그 철인통치자들이 어떻게 교육되고 선택되어야 하는가를 설명했다. 그는 합법적으로 가능한 자기변화에 존속하는 적법성의 궤도에서 그때마다의 권리를 찾기 위해 모든 사람의 상호 소통에 근거한 통치에 대해서는 생각하지 않았다. 그는 중재의 형식에 대해 생각하지 않는다. 특히 그는 모든 사람의 의지와 통치자의 의지 간의 결속 및 통치자들의 선발을 추구하는 대표 기구에 대해 생각하지 않는다. 그는 법의 결함을 극복할 가능성을 발견하지 못하고 있다.

플라톤은 현실적 상황에 상응하여 실제적 정치에로 들어가지 않고, 오히려 진정한 국가를 철학적으로 창건하는 데 필요한 질료로서 기여할 수 있는 정치적 현실이 나타나기를 기대했다. 플라톤은 실제로 부단히 변화하는 법치 국가의 적법성에 따라 법을 발전시키는 구체적 과제로부터 공동체의 협력에 있어 불변적인 국가를 위해서 법을 기초했다. 그가 철학함에서 인식한 영원으로부터 유일무이하고 돌이킬 수 없는 역사로서 현존재의 현실에로의 도약은 일어나지 않는다. 플라톤은 깊은 충동을 조명했고, 높은 척도를 보았지만, 시간과 공간 속에 '지금 여기' 주어진 실재와의 결부를 부정한다. 이러한 한계는 플라톤 자신이 이해한 바와 같이 그의 사상의 '적용'을 거부했다. 그러나 이 사상은 신에 기초한 정치적 에토스로부터 정치적 충동들이 발원할 수 있는 공간을 생기게 한다. 플라톤이 비역사적으로 사유함으로써 구체적·정치적 실재라는 현재의 과제들을 절망적인 세계로부터 철학적 은퇴를 택함으로써 쉽사리 포기할 수 있다는 것은 플라톤의 정치적 사고의 이러한 한계와 관계한다. 그는 역사적 연속성 없이도 무한한 시간 속에서 언젠가는 '신의 섭리'에 의해 이상을 현실화시킬 수 있다고 생각했다. 시간은 자기 뜻대로 된다. 플라톤은 기한 없이 언젠가는 완전한 것의 현실화를 기대했다. 그 밖의 것은 상관없다. 그는 가능적인 것에 인간의 정치적 행위를 국한시키고 있는 것에 대해서, 즉 민주주의의 에토스를 통한 공동생활 방식의 교육에 대해서 사유하지 않고 있다. 그는 모든 민주주의마다 의문점을 남기고 있음을 본다. 그러나 그는 그의 이상적 원형의 형상에서 기괴한 비인간적 가능성들로 발전한 권위적·총체적 해결만을 보고 있다.

철학적 이성에 기초한 개인의 자유사상은 플라톤을 증인으로

끌어낼 수 있지만, 정치적 자유사상은 플라톤을 증인으로 끌어낼 수 없다.

(3) 근대 과학을 척도로 해서 본 한계

과학이라는 명칭은 플라톤에 있어 우리 시대의 과학의 의미와는 다른 의미를 가지고 있다. 양자 간에는 심연이 놓여 있다. 플라톤에게 있어 과학은 인간 자신이 다르게 되는, 신적인 것에 닮고자 하는 본래적 사유이다. 우리에게 있어 과학은 단지 오성만을 필요로 하고 인간 자신을 외부에 존속시키는 강제적 통찰이다. 플라톤에 있어 과학은 깊은 만족이다. 근대 과학에는 '무엇 때문에?'라는 답할 수 없는 물음이 있다.

아카데미아에서 플라톤은 수학, 천문학, 의학이라는 동시대의 과학적 운동에 관심을 가졌을 뿐만 아니라 그의 물음을 통해서 그것들에 참여했다. 그는 과학적 운동을 그의 철학함의 질료로서 이용했다. 그는 과학적 운동의 결과들을 『티마이오스』에서 세계구조의 과학적 신화에 이용하고 있다. 과학적 운동의 방법들이 그에게는 변증법에서의 비약의 준비로서 순수한 개념적 사고의 실천을 지시하는 길잡이였다. 플라톤은 단순한 경험적 인식을 무시하고 있다. 그는 천문학적 인식을 본질적인 것으로 간주하지 않고, 오히려 천문학적 인식에서 이데아의 모사를 지각했다. 그는 물리학적 실험을 목적으로 현악기를 시도하고 변주한 실험을 소용없는 연주로 배척했다. 그는 정확한 경험적 관찰에는 관심이 없었다.

플라톤은 현상의 무한한 다양성을 기뻐하지 않았다. 그는 이러한 것에 대하여 이오니아 과학자들이 열중한 연구 ―이 연구는 데모크리토스와 아리스토텔레스에서 절정에 이르렀다― 를 즐거워하지 않았다. 사실적인 것에 매료되어 박차가 가해짐으로써 무한한 진보를 이룬 과학적 정신이 그에게는 생소했다.

그러므로 플라톤의 아카데미아는 과학적 연구 기관이 아니었다. 모든 과학들을 결합하고 철학으로부터 독립하여 강제적인 통찰들을 모아서 정리하고 촉진하고자 노력하는 간명한 과학의 관념은 플라톤으로부터 외면되었다. 그는 자연적 현상과 관념들에 대한 형태학적인 분류 따위에는 관심을 두지 않았다. 왜냐하면 플라톤의 아카데미아는 철학함의 학교였기 때문이다. 아카데미아의 주요 관심은 미래의 정치가들을 교육하고 훈련하는 데있었다. 아카데미아의 사람들은, 만일 기회가 제공된다면, 철학적 국가를 창건할 기회를 장악할 준비가 되어 있었다. 그러나 알렉산더 시대에 화려하게 펼쳐졌던 바와 같은 단순한 학식은 아카데미아 사람들에게는 무시되었다.

과학과 철학은 불가분리적이다. 철학함 속으로 편입되지 않는 과학은 가치를 지니지 못한다. 과학적 인식에 대한 관심이란 철학적 특성을 가지며 그 자체에 있어 더 이상 과학적으로 기초 세울 수 없다는 데 진리가 있다. 그러나 철학적 통찰에 대립하는 과학적 인식의 자주적인 진리의 특성은 플라톤에 있어 명석하게 되지 않고, 그의 시대의 바깥에 예외자로 존속한다.

6) 플라톤의 독단적 경향

과학과 철학에 관한, 즉 과학적 가능성 일반에 관한 불명료성은, 비록 이것이 플라톤의 철학함에 있어 근본적으로 극복되지 않았기 때문에 결코 지배적이지 못한 경향이었다고 하더라도, 플라톤에 있어 다른 또 하나의 경향, 즉 결정적인 독단을 향한 경향과 관련되고 있는 것 같다. 이러한 독단적 경향은 다음과 같다. 즉 안정화 가운데서 사유된 것의 부동으로부터 사유된 존재에로의 전변, 암호 해독으로부터 인식의 구체화된 객관성에로의 전변, 실험적 사유로부터 사유의 결과에로의 전변이 그것이다. 플라톤은 문자화, 강의, 가르칠 수 있는 능력, 전달 능력에 관한 그의 명료한 진술에 있어 단지 이러한 경향만을 시사했다.

그러나 사상의 저술 활동에 있어 이와 같은 암시의 힘은 결정적인 주장들, 기초 수립, 요구를 위하여 사라질 수밖에 없다. 비록 우리가 플라톤 자신이 쓴 것으로 알고 있는 모든 것이 「선에 관하여」라는 만년의 강의에서 한 보고를 통해 말한 것과는 차이를 보이는 의심스러운 대화의 요소가 항상 남아 있다고 하더라도, 사상은 (후기 작품에서와같이) 강의에서 대화를 지양할 것을 압박한다. 현재의 실존에서 지도적인 '선'과 관련하여 무한한 사유의 자유에 의하여 현실화되는 통일에의 의지는 존재론적인 존재 가능에서 경화되고 있다. 플라톤에 있어 독단론을 깨뜨려 버린 철학함은 새로운 또 하나의 독단론으로 다시금 흘러들어 갔다.

그는 철학함의 학교를 창설했고, 거기에서 불가피하게 가르침의 학교가 생겨나서 발전되기 시작했다. 모든 학생이 한 사람의 플라톤이었다고 하더라도 그것은 다른 한 사람의 플라톤일 수 있었을 것이다. 그러나 향후 플라톤은 학생들의 요구, 방대함, 자유로워진 가르침의 내용 자체에 의하여 압도되었다. 그러므로 소크라테스적인 초기 대화집과 고전적인 주요 작품들의 정조로부터, 장엄한 자유 가운데 사상의 절대적인 지배와 그 작품들의 변증법적인 독창력에서 여전히 전적으로 플라톤적인 후기 작품들의 정조에로의 변화가 있었던 것으로 생각된다.

철학자들 중에서도 학교에 대해 가장 생소하면서 가장 간접적인 철학자로서 개인의 일회성에 뿌리를 둔 철학자가 동시에 가장 유능한 학교 창설자였다는 것은 대단히 중요한 역사적 사실이다.

플라톤이 학교에 의해 직면한 한계는 플라톤과 소크라테스의 비교에 의해서 아마도 불가피한 것으로 해석될 수 있을 것이다. 소크라테스는 쓰지도 가르치지도 않았다. 플라톤 없이는 우리는 소크라테스에 관해서 아무것도 몰랐다. 플라톤은 글을 썼고 가르쳤으며, 따라서 전달의 내용과 전달함의 사실 간의 모순에 빠지기도 했다. 철학함의 사상의 본질 그 자체에 있어 불가능한 것이 있는가?

7) 플라톤의 영향

서양 철학사에 있어 플라톤이 차지하고 있는 위치는 어느 누구와도 비할 수 없을 정도로 두드러진다. 플라톤은 변화하는 시대의 한가운데 서 있었던 것 같다. 야스퍼스는 플라톤이야말로 영혼의 심저에서 끄집어낸 존재지存在知, 강력하면서 소박한 포착, 웅장한 비전 등을 가진 소크라테스 이전의 철학자들과 관료주의적인 강대국의 신세계 내에서 무력한 개인들에게 도움이 되었던 교육적, 해석학적, 독단적 철학을 주창했던 헬레니즘 학자들 사이에 서 있었다고 논평한다.

플라톤은 선견지명과 지혜를 가진 비할 바 없는 철학자로서 그 정상에 존재하고 있다. 플라톤 이래 비로소 서양적 형상의 철학자들이 등장한 셈이다. 플라톤 이전 철학자들은 추축시대樞軸時代, die Achsenzeit에 살았던 중국 및 인도의 철학자들과 유사상태에 있다. 플라톤은 이러한 철학자들을 뛰어넘었다. 그는 진실로 새로운 것을 열었다. 그 새로운 것이란 무엇일까? 야스퍼스에 의하면 그것은 지를 넘어가는 도상에서의 무지의 개현無知의 開顯, die Öffnung des Nichtwissens auf dem Wege über das Wissens이다.

플라톤은 철학에 넓은 범위를 주었다. 그는 철학의 새로운 가능성을 열었고 철학에 통일의 이념을 각인시켰다. 이 통일은 모든 지의 전체적 종합이 아니고, 오히려 사유하면서 초월자라는 일자와 관계하는 플라톤의 사유의 본질이다. 그는 모든 과거를 자기의 내면 속에 동화하였고 철학자들의 연쇄die Kette 속에서 자기 자신을 인식하였으며 동시에 이러한 연쇄에 있어 비로소 철학자들을 결합시킨 매개자로서 자기 자신을 인식하였다. 플라톤을 통하여 철학은 선행 철학자들을 돌이켜 보고 정신적인 현재를 고려하는 가운데 지속적인 생명을 유지할 수 있게 되었다. 플라톤 이후의 모든 철학자들은 플라톤이 시작했던 철학함의 상황 속에 태어났다.

야스퍼스는 철학함의 모든 계기가 플라톤에서 나오고 플라톤에서 심화된다고 말한다. 다시 말해서 야스퍼스의 주장에 따르면 그것은 마치 철학이 플라톤에서 시작하고 플라톤에서 끝나는 것과 같은 그런 느낌을 주는 듯하다는 것이다. 플라톤의 사유를 선행하는 모든 것이 플라톤의 사유에 봉헌하는 것같이 생각되고 플라톤 뒤에 오는 모든 것이 플라톤의 사유를 해석하고 있는 것같이 생각된다. 그럼에도 초기의 철학은 철학의 제1단계라기보다, 오히려 철학함의 독립적인 힘이었다. 후기의 철학은 플라톤의 사유의 전개가 아니고, 오히려 세계와 인간과 신에 대한 독립적인 경험이다. 그러나 모든 철학에서 그런 경험은 플라톤 가운데 반영되고 플라톤에 의하여 음미되는 순간이 오기 마련이다.

야스퍼스에 의하면 플라톤주의는 오늘날까지 플라톤 사상의 체계화이면서 변화이다. 야스퍼스는 만일 플라톤의 사유가 어떤 구체적인 토대도 가지지 않고, 오히려 부동한다면 그리고 결정적인 것이 말하여지지 않는다면 우리는 플라톤의 사유에서 부분만이라도 획득하기 위해서 비약하고, 함께 실현하고, 거기에서 일어나는 것을 경험해야 한다고 말한다. 플라톤의 철학은 전혀 객관적인 학설로서는 소유될 수 없다. 그의 사유의 힘은 이러한 소유의 형식으로는 사라진다. 왜냐하면 그의 사유는 오직 그 사유 속으로 들어가서 하나가 되는 가운데서만 체현되기 때문이다.

그러므로 플라톤주의에는 두 가지의 길이 있다. 하나는 일정한 학설과 견해에의 순종이고 다른 하나는 플라톤과의 교통을 통해서 진지하게 기초 세워진 철학적 자유가 획득되는 길이다. 역사적으로 가시적인 첫째의 길에서는 아마도 은폐된 삶의 흔적이 남아 있을 것이다. 은폐된 삶은 본래 제2의 불가시적인 길에서 번성하기 마련이다.

야스퍼스는 플라톤주의에 있어 플라톤의 정신이 손상되고 있는 점을 다음과 같이 밝히고 있다. 가령 플라톤의 학설이 전혀 객관적으로 그리고 언어상으로 수용될 경우 간접적 전달을 감지하는 감각의 결여, 플라톤의 철학을 과학, 종교, 국가, 정치에만 한정하여 그 관련을 밝히고자 하는 것, 이승의 삶 속에서 신적인 것을 닮고자 하는 자기변화, 즉 신성과의 통일에로의 변화 등이 그것을 시사하고 있다.

플라톤은 플라톤주의에서 지배의 권위자가 되었다. 그는 현실적인 플라톤 형상으로 전개되었다기보다도 피타고라스에게 치우치고 피타고라스에 적합한 형상으로 전개되었다. 아카데미아가 그 창설자인 플라톤을 신적인 플라톤으로 고양하고자 시도한 것은 사상과 계획을 자기 임의의 자유 속에서 취급하던 이른바 그의 자유를 희생하는 가운데 이루어진 것이다.

주제가 엄청날 정도로 풍부하기 때문에 어딘가에서든 플라톤이 현재하지 않는 후기 철학이란 없다. 주제를 한정한다는 것은 불사와 지옥의 형벌이라는 신화를 글자 그대로 내세론으로, 우주와 그 우주 창조의 구상을 자연 철학으로, 이데아론을 이원론에 있어 존재론과 인식론으로, 에로스의 이론을 신비적 황홀의 토대로 국가의 기획을 정치적 프로그램으로 전환한다.

이처럼 주제를 한정한다는 것은 플라톤의 일부 입장을 독단론으로 전환시킨다. 간접적인 언어유희에 있어 실험적 기획은 추정상 인식된 세계의 지리학으로 변형되고 있다. 여러 가능성이 현실화되고 있다. 밝은 철학적 에로스는 환상적인 교화로 나아가는 길을 지시해 주었다.

그러나 이와는 반대로 플라톤주의에서는 과학적 충격이 방향을 바꾸었다. 플라톤이 연역적 구조에서 변증법적으로 시도한 것, 그가 유클리드Euclid에게서 자기의 교훈적인 완성을 발견했던 길로 나아가도록 수학자들에게 촉구했던 것, 그것은 프로클로스로부터 스피노자에까지 형상학적 사변의 형식으로 수용되었고,

플라톤을 고려한 근대 논리학자들의 순수 형식으로서 현실화되었다. 형이상학과 논리적·과학적 인식은 동일한 방식으로 플라톤과 관계하고 있다.

플라톤주의자가 그리스도교도와 같이 규정될 수는 없다. 플라톤적 사유의 역사적 계승에서는 신플라톤주의적인 신비주의와 이성의 자기확신에서는 칸트의 순수성, 그노시스파의 열광과 과학적 예리성 등과 같은 이질적인 모티브가 움직이고 있다.

플라톤은 자기가 창설한 학교인 아카데미아를 통해서 많은 영향을 미쳤다. 플라톤이 생존했던 시기에 그리스 전역에서 찾아온 자주적인 인물들이, 특히 수학자들이 이 아카데미아에서 만나 연구하며 토의하곤 했다. 아리스토텔레스는 20년 동안 이 아카데미아에서 연구했다. 아카데미아는 플라톤의 대화집들의 실재적인 배경이 된 학설과 사상의 연구소로 간주되고 있다. 그런데 대화집들에는 체계적인 학설로서 강의된 것, 예컨대 이데아론, 변증법, 수학 등이 단편적으로만 나타나 있을 뿐 완전한 형태로 나타나 있지는 않다. 대화집들은 비교적 학설에 기초한 아카데미아의 대중적인 작품들에 불과하다. 따라서 대화집들은 아카데미아에서 행해진 가장 아름다운 모사이고, 이상적 형상이고, 깊은 성실성에서 나온 사고의 자유와 부동이다. 사실 현실적인 대화가 아카데미아의 영역 안에서는 항상 진행되곤 했다. 플라톤은 이러한 현실적 대화를 통해서 양심적인 대화, 토론의 열정, 공동의 지적 이해에 기초한 개인적인 우정, 반대와 소외 등의 특별한 경험을 가졌으며, 특히 철학함을 통한 비약의 성공 또는 실패의 경험을 가지기도 했다. 플라톤의 사후에 학교로서의 아카데미아는 플라톤의 정신에 부적당한 국면들을 많이 전개하였다. 만일 아카데미아에서 학생들과 교사들 간에 독립적, 자주적인 개체들로서 상호 협동하는 식으로 진리의 사도들의 관계가 지켜지고 있었다면, 학교로서 아카데미아는 그 경우에만 플라톤적 의미에서 성공할 수 있었다. 그렇지 않은 경우에는 학생들에 있어 일정한 논제에 대한 독단적인 의견, 투쟁하는 사랑의 상호소통의 상실, 강제적인 주장, 순종과 열광 등에로 빠져드는 경향이 전개되고 있었던 것 같다. 반플라톤 정신은 플라톤 사후에 곧개가를 올렸다. 이 반플라톤 정신이 바로 아카데미아 교육의 본질이 되었다.

야스퍼스는 스페우십포스Speusippos와 크세노크라테스Xenokrates가 플라톤의 사상을 독단화하였다고 주장한다. 사실 이러한 독단화에서는 독립적, 철학적인 삶이 상실될 수밖에 없다. 아리스토텔레스는 아카데미아에서 탈퇴하여 플라톤의 정신을 버리고 자유정신으로 자신의 독자적인 학교를 세웠다. 이론적인 측면에서도 아리스토텔레스는 자기가 처음에 지지했던 플라톤의 철학 사상으로부터 벗어났다. 그러나 경험 과학에 대한 자신의 점증하는 관심에도 불구하고 그는 형이상학이나 참된 지혜 속에서 절정을 이루는 착한 삶에 대한 자기의 확신을 결코 포기하지 않았다. 다시 말해서, 아리스토텔레스는 플라톤의 유산을 결코 포기하지 않았다. 그의 철학은 그의 위대한 스승 플라톤의 작품과 따로 떼어서 생각할 수 없을 것이다. 여하튼 아리스토텔레스가 아카데미아를 떠났다고 하더라도 이 아카데미아는 비상한 가동성과 다른 많은 유형의 탁월한 철학자들을 배출할 힘을 보존하고 있었다. 아카데미아는 강제적으로 폐쇄되었던 529년까지 거의 1천 년 동안 번영했다.

약어

1. 공자의 『논어』

2.

『영원』:『영원한 구도의 길』, 榴軒 李鍾厚 先生 追慕文集刊行委員會 저, 榴
軒 李鍾厚 先生 追慕文集刊行委員會, 2009.